聞いて覚える話し方

日本語生中継

● 初中級編 2 ●

別 冊

スクリプト
単語表
解答

聞いて覚える話し方
日本語生中継 初中級編 2
—〈別冊〉目　次 —

スクリプト.....................1

単語表.........................40

解答.............................46

第1課 出会い（であい）

【 聞き取り練習（ききとりれんしゅう）】

🔊1-2

① 山下（やました）：となり、空（あ）いてますか。

橋本（はしもと）：あ、はい。

山下：ありがとう。あのー、この授業（じゅぎょう）、難（むずか）しいとか、何（なん）か知（し）ってます？

橋本：あ、なんか先輩（せんぱい）がおもしろいから取（と）ったほうがいいよって言（い）ってたんで、来（き）てみたんですけど。

山下：そうなんですか。よかった。あ、何年生（なんねんせい）ですか。

橋本：経済（けいざい）の1年（ねん）です。

山下：あ、いっしょいっしょ。私（わたし）も経済（けいざい）の1年（ねん）。

橋本：ほんとですか。名前（なまえ）聞（き）いてもいい？

山下：**山下恵子（やましたけいこ）です。**

橋本：山下（やました）さん。あ、**私（わたし）、橋本（はしもと）みどりって言（い）います。**

山下：よろしく。あ、そうだ、この後（あと）、誰（だれ）かとお昼（ひる）食（た）べる約束（やくそく）してる？

橋本：いや、特（とく）に。お弁当（べんとう）持（も）ってきてるんで。

山下：あ、そーお？　じゃ、一緒（いっしょ）に食（た）べない？　私（わたし）もパン買（か）ってきてるから。

橋本：ああ、じゃ。

🔊1-3

② 三井（みつい）：こんにちは。

吉野（よしの）：あ、三井（みつい）さん、こんにちは。

三井：あ、ご紹介（しょうかい）します。**私（わたし）と同（おな）じマンションの中田美紀（なかたみき）さん。** ダンスがお好（す）きだとうかがったんで、今日（きょう）は見学（けんがく）にお誘（さそ）いしたんです。

中田（なかた）：どうも。中田（なかた）です。今日（きょう）はよろしくお願（ねが）いいたします。

三井：中田（なかた）さん、**こちらが吉野（よしの）さん。このダンス教室（きょうしつ）で一番（いちばん）のベテランなんですよ。**

吉野：ベテランだなんて。長（なが）いだけですよ。

三井：そんなことないのよ。吉野（よしの）さんと一緒（いっしょ）に踊（おど）りたいって人（ひと）はいっぱいいるんですから。

中田：ええ、**三井（みつい）さんからすごくお上手（じょうず）な方（かた）がいらっしゃるって、うかがってました。**

吉野：いいえ、そんなことないですよ。えっと、中田（なかた）さんは、ダンスのご経験（けいけん）はおありなんですか。

中田：ええ、大学（だいがく）のときに、ちょっとやってたんですけど。

吉野：じゃ、経験者（けいけんしゃ）ですね。

中田：いいえ、卒業（そつぎょう）してから10年以上（ねんいじょう）してないんで、もうほとんど踊（おど）れないと思（おも）うんです。

吉野：いやー、すぐに思（おも）い出（だ）しますよ。で、どんなダンスがお好（す）きなんですか。

中田：タンゴが好（す）きなんです。

吉野：僕（ぼく）もタンゴ好（す）きなんですよ。うれしいなあ。ぜひ参加（さんか）してくださいね。

🔘1-4

③ 林：あっ、西田先生。

西田：はい。

林：先ほどは興味深いスピーチをありがとうございました。勉強になりました。

西田：いえ、ありがとうございます。

林：あの、名刺を交換させていただいてもよろしいでしょうか。

西田：ええ、もちろんですよ。

林：私、株式会社エストの林と申します。お目にかかれるのを楽しみにしていました。

西田：林さん。どんなお仕事をなさってるんですか。

林：私もビジネスマナーを教えているんです。まだ始めたばかりなんですが。

西田：そうですか。がんばってください。

林：はい、ありがとうございます。先生にはいろいろお聞きしたいことがありますので、また、ご連絡させていただいてもよろしいでしょうか。

西田：ええ、もちろんですよ。名刺のメールアドレスにいつでもご連絡ください。

林：ありがとうございます。

🔘1-5

④和田：あ、野村。こっちこっち。

野村：おーっ。久しぶり。元気そうだな。

和田：うん、まあな。あー、こちら、**こないだ話した福田さん。**会社の同期。

福田：はじめまして。福田容子です。和田さんからいろいろお話を聞いてます。

野村：えーっ、なんか変なこと言ってるんじゃない？

福田：そんなことないですよ。**野村さん、歌がお上手だそうですね。**

野村：んー、まあ。

和田：福田さんも歌うまいよなあ。

福田：いいえ、好きなだけなんですけど。

野村：へえ。カラオケにも行ったりするんですか。

福田：ええ、ときどき。

和田：じゃ、今度みんなでカラオケに行こうよ。

野村：それ、いいね。

福田：ええ、ぜひ。

和田：あ、ところで、野村、何にする？

野村：そうだな。じゃ、とりあえず、ビール。

和田：ビール？ オッケー。すみません。

【 ディクテーション 】

1-6

① なんか先輩がおもしろいから取ったほうがいいよって言ってたんで。

② 私もパン買ってきてるから。

③ ダンスがお好きだとうかがったんで、今日は見学にお誘いしたんです。

④ えーっ、なんか変なこと言ってるんじゃない？

⑤ カラオケにも行ったりするんですか。

【 ポイントリスニング 】

1-7

①A：これからお世話になります。

　B：こちらこそよろしく。

②A：これからもどうぞよろしくお願いいたします。

　B：大阪へ行っても、がんばってね。

③A：皆さん、お元気で。

　B：松原さんもね。

④A：これからよろしくお願いいたします。

　B：わからないことがあったら、何でも聞いてくださいね。

⑤A：今までいろいろありがとうございました。

　B：阪田さんも体に気をつけて。

⑥A：皆さんにはお世話になりました。

　B：いいえ。どうかお幸せに。

【 重要表現1 練習 】　名のる

1-8

①A：はじめまして。韓国のソウルから来たパク・ソンヒです。専攻は経営学です。どうぞよろしくお願いします。

②A：あの、すみません。

　B：はーい。

　A：あ、今日隣の105号室に引っ越してきましたセルバンテスと申します。どうぞよろしくお願いいたします。

　B：木村です。こちらこそよろしくお願いします。

　A：あのう、これ、どうぞ。

　B：あ、どうも。すみません。

③A：今日から、バイトに入ってもらうワンさんです。

　B：ワン・アイレンです。横浜大学で経済を勉強しています。土日に入ります。わからないことがたくさんあると思うんで教えてください。よろしくお願いします。

3

④A：今日からこちらで働いていただくことになった福原さんです。福原さん、どうぞ。

B：ロンドン支店から転勤になりました福原セリオです。日本は3年ぶりです。どうぞよろしくお願いいたします。

【 重要表現3練習 】　相手について知っていることを述べる

🔘1-9

①A：ジョンさん、こちら、同じ寮に住んでいる広田さん。

B：はじめまして。ジョンです。広田さんはコンピュータにくわしいんだそうですね。

C：いや、たいしたことないですよ。

②A：北川くん、こちら、同じ会社に勤めているリーさんです。

B：はじめまして。リーです。

C：北川です。リーさんってカナダからいらっしゃったんですよね。

B：ええ。

C：僕もカナダに住んでたことがあるんですよ。

B：ええ？　そうなんですか。カナダのどちらですか。

③A：あっ、吉田部長、紹介します。妻の智恵美です。
　　　智恵美、こちらが会社でお世話になっている吉田部長。

B：いつも主人が大変お世話になっております。

④A：こちら、今日から月曜と水曜に入ってもらうことになったゴウさんです。

B：ゴウです。どうぞよろしくお願いします。

C：ゴウさんは関東大学に行ってるって聞いたんですけど。

B：ええ、そうですけど。

C：私もなんですよ。

B：ええ？　そうなんですか。

第2課　ホテルで

【聞き取り練習】

🔵1-10

① フロント：阪神ホテルでございます。

　　　客：あのう、ツインの予約なんですけど。

フロント：はい、ツインルームでございますね。いつでしょうか。

　　　客：あの、今週の土曜日と日曜日なんですが、空いてますでしょうか。

フロント：今週の土日ですと18日と19日ですね。

　　　客：はい。

フロント：少々お待ちください。

　　　客：はい、すいません。

フロント：お客様、お待たせいたしました。土日のお部屋のご用意、できますが。

　　　客：そうですか。あの、ホームページだと一人8800円ってなってるんですけど。

フロント：はい、お一人様8800円でございます。

　　　客：これって税込みですか。

フロント：はい、そうです。サービス料も入っております。

　　　客：そうですか、じゃ、ツイン一部屋、お願いします。

フロント：はい、かしこまりました。では、お名前からお願いいたします。

🔵1-11

② 客A：あのう、すみません、ちょっと、お聞きしてもよろしいでしょうか。

　客B：ええ。

　客A：ええと、女風呂は1階ですか。

　客B：いえ、夜は地下1階が女風呂になってますよ。1階は男風呂です。

　客A：ああ、そうなんですか。よくわかってなくて。すみません。

　客B：いえ。

　客A：あ、それから、女風呂と男風呂って、朝と夜で入れ替えがあるんですよね。

　客B：ええ、そうだと思いますよ。今は、1階が男風呂で、地下1階が女風呂なんですけど、朝はその逆って聞きましたよ。

　客A：あー、そうですか。あ、それから、露天風呂ってありますよね。

　客B：ええ、あるんじゃないかと思いますけど。

　客A：そうですか。どうもありがとうございます。

🔵1-12

③　　　客：すみません、ちょっとおたずねしたいことがあるんですが。

フロント：はい。

　　　客：このホテルに軽い食事ができるところってありますか。

フロント：ラウンジとバーがございますが。

　　　　客：あ、バーは何時からですか。

フロント：夕方5時からの営業になっております。

　　　　客：そうですか。あ、あと、スポーツできる施設ってあるんですか。

フロント：はい、テニスコートとプール、それからスポーツジムもございます。

　　　　客：あー。

フロント：どうぞ、こちらのパンフレット、お持ちください。

　　　　客：あ、どうもありがとう。

🔴 1-13

④さゆり：ねえ、みき、ちょっと、聞いていい？

　　みき：うん、何？

　さゆり：このホテルって、クレジットカード、使えるよね。

　　みき：ちっちゃいけど、ホテルだし、大丈夫だと思うけど。どうして？

　さゆり：ちょっと、現金足りなくなってきちゃったみたいでさ。

　　みき：じゃあさー、もしカードが使えなかったら、お金、貸してあげるよ。

　さゆり：いい？　ごめんね。明日、銀行かどこかのATMでお金下ろすから、もし、カード、
　　　　　だめだったら、貸してくれる？

　　みき：うん、いいよ。

【 ディクテーション 】

🔴 1-14

①　今週の土曜日と日曜日なんですが、空いてますでしょうか。

②　ちょっとお聞きしてもよろしいでしょうか。

③　このホテルに軽い食事ができるところってありますか。

④　現金足りなくなってきちゃったみたいでさ。

⑤　もし、カード、だめだったら、貸してくれる？

【 ポイントリスニング 】

🔴 1-15

①　すみません、おたずねしたいんですが。

②　ちょっと、聞いて聞いて。

③　あのう、お聞きしてもよろしいでしょうか。

④　ちょっと、お願いがあるんですが。

⑤　あのね、すごい悪いことしちゃったんだけど。

⑥　ちょっと、お話ししたいことがあるんですが。

【 重要表現1 練習 】 これから質問をするときの前置き

🔴 1-16

①A：あのう、すみません、ちょっとおたずねしたいんですが。

　B：はい、何でしょうか。

　A：山中駅までの道を教えていただきたいんですが。

　B：ああ、山中駅ならここの道をまっすぐ行くと…

②A：ちょっと聞きたいことがあるんだけど。

　B：うん、何？

　A：高橋さんの結婚式なんだけど、出る？

　B：うーん、まだ考え中なんだけど。

③A：ちょっと質問なんだけど。

　B：ん？　何？

　A：3時の会議の場所、どこだっけ？

　B：あれ？　確か第2会議室だったと思うけど。ちょっと待って。確認してみるから。

　A：うん。

④A：あのう、水曜日に泊まりたいんですが。

　B：はい。

　A：シングルルームはまだありますか。

　B：少々お待ちください。今、お調べしますので。

【 重要表現2 練習 】 あるかどうか／できるかどうか、たずねる

🔴 1-17

①A：ねえ、この近くに銀行ってあったっけ？

　B：あー、ここからまっすぐ行ったとこにあるよ。

　　　ATMだったら、すぐそこのコンビニにもあるけど。

　A：そっか。じゃ、コンビニでいいや。

②A：すいません、武田さん。

　B：ん？

　A：2時から会議を行いたいんですけど、会議室、空いてますか。

　B：大丈夫だと思うよ。うちの会議は1時半までだから。

③A：すみません、ちょっとおたずねしたいんですけど。

　B：はい。

　A：あの、このホテルの近くにおいしい魚料理が食べられるところってありますか。

　B：魚料理、そうですね。少々お待ちください。お調べいたしますので。

　A：お願いします。

7

④A：あの、ちょっとお聞きしたいんですが。

B：はい、何でしょうか。

A：家族風呂って、ありますか。

B：はい、ございます。申し訳ございませんが、別料金をいただくことになっておりますが。

A：そうですか。おいくらですか。

第3課　うわさ

【 聞き取り練習 】

1-18

①井上：な、聞いた？

渡辺：え、何？

井上：こないだ入ったバイトの子、何て名前だったっけ？

渡辺：えーっと、いし、いしい…じゃない、あ、石田？

井上：あー、そう、その石田さん、また店長に叱られたんだって。

渡辺：えっ、うそ?!　なんか昨日も叱られてたとか言ってなかったっけ？

井上：うん、昨日は遅刻。1時間遅刻して、で、連絡も入れなかったんだって。

渡辺：ああ、そりゃまずいよね。で、今日はなんで叱られてんの？

井上：今日は注文を取るのを2回間違えたらしいよ。

渡辺：2回も？

井上：うん。

渡辺：そりゃ、ちょっとひどいな。

井上：だろう？

1-19

②鈴木：**本田さん、聞きました？**

本田：えっ、何ですか。

鈴木：受付の田中さん、結婚するらしいですよ。

本田：そうらしいですね。私も主任から聞いてびっくりしたんですよ。

鈴木：いいですよね。相手の人は高校のときのクラスメートだって聞きましたけど。

本田：そうですか。

鈴木：あー、うらやましい！　私にもいい人いないかな。

本田：あ、今度、大学時代の友達何人かと飲みに行くんですけど、鈴木さんも来ます？

鈴木：はい、ぜひ！

1-20

③千葉：おはようございます。いいお天気ですね。

井上：ええ、本当に。

千葉：あの、ちょっと聞いたんですけど、松下さんのご主人、広島へ転勤するそうですよ。

井上：ええ、私も昨日奥さんとスーパーでばったり会ったんですけどね、そのこと聞いてもうびっくりしちゃって。

千葉：ご主人、広島には一人でいらっしゃるって。

井上：そうみたいですね。

千葉：娘さん、今中学3年でしょ。学校を変えたくないし、奥さんも今の仕事を続けたいとかで、二人でこっちに残るらしいですね。

井上：ええ。そうおっしゃってましたね。

千葉：これから大変でしょうね。

井上：本当に。

🔘1-21

④岡島：部長、**先ほどご本人から電話があったんですが**、**島田さんとこ**、お子さんが生まれた**そうですよ**。

部長：あ、そう。そりゃ、よかったね。いつ？

岡島：昨日の午後だそうです。予定日より一週間遅れて。

部長：**ああ、それでここ数日、島田君そわそわしてたんだ**。

岡島：ええ。それで、今日は病院に寄ってからいらっしゃるそうです。昼過ぎになると部長にお伝えくださいって。

部長：そうか、わかった。じゃあ、何かお祝いしないとね。

岡島：そうですね。何がいいでしょうね。課のみんなに相談しておきましょうか。

部長：そうだね。じゃあ、頼むよ。

岡島：はい、わかりました。

【 ディクテーション 】

🔘1-22

① こないだ入ったバイトの子、何て名前だったっけ？

② 相手の人は高校のときのクラスメートだって**聞きましたけど**。

③ 奥さんも今の仕事を**続けたい**とかで、二人でこっちに残るらしいですね。

④ 昼過ぎになると部長に**お伝えください**って。

⑤ じゃあ、何かお祝いしないとね。

【 ポイントリスニング 】

🔘1-23

①A：加藤君、カナダに留学するんだって。

　B：へえ、そうなの。

②A：山田さん、彼女と別れたんだって。

　B：そうなんだってね。

③A：バイトの子、決まったらしいですよ。

　B：みたいですね。

④A：真紀子さん、離婚したんだって。

　B：えっ、うそでしょ?!

⑤A：課長が会社辞めるの、知ってた？

　B：ええ、私もびっくりしちゃって。

⑥A：前田先生、４月から別の大学に移るらしいですよ。

　B：そうなんですか。

【 重要表現1 練習 】　聞いた話を切り出す

🔘 1-24

①A：な、知ってた？

　B：何が？

　A：うちの近くにコンビニができるんだって。

　B：へえ。で、いつオープンするの？

②A：来月ガソリンの値段が上がるって聞いたんだけど。

　B：えー、また？

　A：うん。ほんといやになるよね。

　B：ほんとだよね。

③A：田中さんに教えてもらったんですけど、今度の課長、東京の本社から来るらしいですよ。

　B：あ、そうなんですか。

　A：いい人だといいですよね。

　B：そうですね。

④A：課長、ちょっと聞いたんですけど、横山さんのお母さん入院されたみたいですよ。

　B：えっ、そうなんですか。

　A：ええ、くわしいことはわからないんですけど。

　B：わかりました。じゃ、横山さんに聞いてみますね。

【 重要表現2 練習 】　相手からの情報に反応する

🔘 1-25

①A：知ってる？　山下さん、やっと仕事決まったんだって。

　B：えっ、本当？　よかったね。

　A：うん、なかなか決まらなかったもんね。

②A：本当かどうかわからないんだけど、あそこの本屋、なくなるらしいよ。

　B：へえ、そうなんだ。残念。

　A：駅前に大きいのができたからだって。

　B：そっかー、近くて便利だったのにね。

③A：このすぐ近くにバス停ができるって、ご存知でした？

　B：えっ、知りませんでした。便利になりますね。いつ頃できるんですか。

　A：さあ、そこまではちょっと。

④A：内藤さん、シンガポールに転勤が決まったそうですよ。

　B：あ、そうなんですか。だからこないだ部長と話をしてたんですね。

11

第4課　機械のトラブル
きかい

【 聞き取り練習 】
きと れんしゅう

🔵1-26
①木村：やっぱり、おかしいなあ。
きむら

佐藤：どうかしました？
さとう

木村：ええ。紙が詰まっちゃったみたいで。
かみ つ

佐藤：よく詰まるんですよね、そのコピー機。
つ き

木村：そうなんですよ。事務所の人ならわかるかなって思って、さっき事務所に行った
じむしょ ひと おも じむしょ い
んですけど、お昼でしょ？　誰もいなくって。
ひる だれ

佐藤：**私でよければ、ちょっと見てみましょうか。**
わたし み

木村：そうですか。助かります。僕、機械苦手なんですよ。
たす ぼく きかいにがて

佐藤：**私にできるかどうか、わかんないですけど。**こういうの結構得意なんで。やってみま
わたし けっこうとくい
すね。

木村：ありがとうございます。

佐藤：えっと…

🔵1-27
②妻：あれ、やっぱり変。
つま へん

夫：ん？　どうかした？
おっと

妻：あのね、実家のお父さんからのファックスなんだけど、白い紙しか出てこないのよ。
じっか とう しろ かみ で
今までこんなことなかったのに。
いま

夫：お父さん、字が汚いからじゃないの？
とう じ きた

妻：何ばかなこと言ってんのよ。
なに い

夫：しょうがないなあ。どれ、**俺が見てみようか。**
おれ み

妻：うん、お願い。はい、これ説明書。
ねが せつめいしょ

夫：うん。
えっと、あ、もしかして、お父さん、表裏反対で送ってるかもしれないね。説明書に
とう おもてうらはんたい おく せつめいしょ
ご注意くださいって書いてあるよ。
ちゅうい か

妻：あ、そっか。反対に送ってるから、こっちは白い紙しか出てこないのかもね。
はんたい おく しろ かみ で

夫：多分そうだと思うよ。
たぶん おも

妻：じゃあ、お父さんに電話して聞いてみる。
とう でんわ き

🔵1-28
③青木：ねえねえ、市川さん、ちょっとお願いがあるんですけど。
あおき いちかわ ねが

市川：どうしたんですか。
いちかわ

青木：さっき、間違って売り上げデータのファイルを、ゴミ箱に入れて消しちゃったんですよ。
まちが う あ ばこ い け

市川：えー、そりゃまずいね。

青木：で、**市川さん、コンピュータくわしいですよね**。助けてもらえないかって思ったんですけど。

市川：うーん、ゴミ箱に入れて消しちゃったんですよね。あー、僕には無理だなあ。えと、人事の伊藤さん、知ってます？

青木：あの、めがねをかけてて、すっごく背の高い人ですか。

市川：そうそう。彼だったら、なんとかしてくれると思うんですよ。悪いけど、彼に聞いてもらえません？

青木：わかりました。ありがとうございます。お時間とってしまって、すみません。

市川：あー、いえいえ、こちらこそ何もできなくて。

🔊 1-29

④健太郎：あのさ、ちょっといい？

　　真人：うん、どうした？

　健太郎：ゼミの発表のためのハンドアウト作ってんだけどさ。

　　真人：うん。

　健太郎：エクセルで作ったグラフをワードに入れたいんだけど、できないんだよね。

　　真人：ゼミの発表っていつ？

　健太郎：明日。

　　真人：明日？

　健太郎：な、ちょっと手伝ってくれないかなあ。

　　真人：いやー、手伝うのはいいんだけど、今日バイトでさ。家に帰るの11時ごろになっちゃうんだよね。

　健太郎：あー、そっかー。じゃあ、だめだね。

　　真人：ね、今コンピュータ持ってる？

　健太郎：うん。

　　真人：じゃあさ、**今なら時間あるから、ちょっとやってみようか**。

　健太郎：ほんと？　助かるわ。

【 ディクテーション 】

🔊 1-30

① 私でよければ、ちょっと**見て**みましょうか。

② 私に**できるかどうか**、わかんないですけど。

③ データのファイルをゴミ箱に入れて**消し**ちゃったんですよ。

④ お時間**とってしまって**、すみません。

⑤ 今なら時間あるから、ちょっと**やってみようか**。

【 ポイントリスニング 】
🎧 1-31

① うわー、難しそう。これはみきちゃんには無理じゃない？

② 機械はどうも苦手なんだよね。

③ 山田さん、計算、得意ですよね。

④ 子供のときからスポーツはだめなんですよね。

⑤ 漢字をよく知ってますね。字も上手ですし。

⑥ そんなに上手じゃないですよ。好きなだけです。

【 重要表現1 練習 】 能力について述べる
🎧 1-32

①A：誰か、コンピュータにくわしい人いないか。ファイルが開かなくて。

　B：コンピュータですか。木村さんならできるかもしれませんよ。彼、くわしいから。

　A：あ、そう。じゃあ、木村さんに聞いてみるよ。

②A：あれー？

　B：どうかしたんですか。

　A：なんかね、プリンターが故障しちゃったみたいなんですよ。

　B：私、見てみましょうか。できるかどうかわかんないですけど。

　A：ありがとうございます。じゃ、お願いしていいですか。

③A：新しいコンピュータを買ったんだけど、メールが送れないんだよね。

　B：僕、コンピュータ、あんまりわかんないしなあ。

　　そうだ。山下さんに聞いてみたら？　彼、そういうの得意なんだって。

　A：そう、じゃあ、聞いてみるね。

④A：カラオケ行かない？

　B：カラオケ？　私、歌、下手くそなんだよね。パスしていい？

　A：そっか。残念。

【 重要表現2 練習 】 申し出る
🎧 1-33

①A：このー、両面コピーの仕方がわかんないんだけど、わかる？

　B：前に使ったことがあるから、できると思うよ。やってみようか。

　A：頼むよ。

②A：このソフト、使ったことある？

　B：一度だけね。時間あるし説明しよっか？

　A：ありがとう。

③A：このビデオの使い方がわからなくて。

　B：そうですか。私にできるかどうかわかりませんが、やってみましょうか。

　A：そう？　やってみてくれる？

　B：はい。

④A：このプロジェクター、ちゃんと映らないんですよ。使い方わかります？

　B：わかると思うんですけど、今は時間がないんですよ。少しお時間いただけますか。
　　後でやってみますので。

　A：お願いできますか。

第5課　失敗
しっぱい

【 聞き取り練習 】
き　と　れんしゅう

🔘1-34
①石橋：水野さん、企画会議、どうでしたか。
いしばし　みずの　　きかくかいぎ

水野：ええ、それがね、**ひどい失敗しちゃったの。**
みずの　　　　　　　　　　　　しっぱい

石橋：え？　どうしたんですか。

水野：課長に資料のコピーを頼まれてたんだけど、古いほうの資料、コピーしちゃったのよ。
かちょう　しりょう　　　たの　　　　　　　　ふる　　　　　しりょう

石橋：ええー、大丈夫でした？
だいじょうぶ

水野：大丈夫なわけないじゃない。課長も私も、クライアントさんに言われるまで気が付か
だいじょうぶ　　　　　　　　　かちょう　わたし　　　　　　　　　　　　い　　　　　　　き　つ
なかったのよ。

石橋：うわー。

水野：もう最悪。どうしてあんな失敗しちゃったんだろう。
さいあく　　　　　　　　しっぱい

石橋：課長、だいぶ怒ってるんですか。
かちょう　　　　おこ

水野：うん。今日の会議のために、がんばってたからね。
きょう　かいぎ

石橋：そうですよね。毎日残業されてましたよね。
まいにちざんぎょう

水野：**私のせいで、この企画だめになっちゃうかも。**
わたし　　　　　　きかく

石橋：でも、まだ決まったわけじゃないんだし、元気出してくださいよ。
き　　　　　　　　　　　　　　げんき だ

水野：うん。ありがと。

🔘1-35
②野村：あ、先輩、おはようございます。
のむら　　せんぱい

先輩：おっ、野村。どうしたんだ、お前、元気ないな。
せんぱい　　のむら　　　　　　　　まえ　げんき

野村：いや、実は、**今日、物理の試験だったんですけど、半分も書けなかったんですよ。**
じつ　　きょう　ぶつり　しけん　　　　　　　　はんぶん　か

先輩：えっ、めずらしいな。勉強したんだろ？
べんきょう

野村：ええ。しなかったわけじゃないんですけど。

先輩：うん。

野村：昨日、ちょっと出かけちゃったんですよね。
きのう　　　　　で

先輩：出かけたって？
で

野村：ちょっと、カラオケ。

先輩：あー、それじゃあ、できるはずないよ。前の日ぐらい勉強しないと。
まえ　ひ　　べんきょう

野村：ですよねー。1時間で帰ればよかったなあ。
じかん　かえ

先輩：いっ、1時間でって、そんなに長くいたの？
じかん　　　　　　　　なが

野村：はい、すんごく盛り上がっちゃって、気がついたら3時間ぐらい。早く帰るつもりだっ
も　あ　　　　　き　　　　　じかん　　　はや　かえ
たんですけどね。あーあ、追試になったらどうしよう。
ついし

先輩：ま、そりゃ自業自得だな。
じごうじとく

🔘 1-36

③木下：おはようございます。

今野：あ、木下さん、おはようございます。

木下：昨日はすみませんでした。ご迷惑をおかけして。

今野：え、何でしたっけ？

木下：あの、息子の友達が遊びに来てたんですけど、マンションの入り口のところに、**車を止めっぱなしにしてて。**それで邪魔になってたらしいんですよ。

今野：そういえば、車ありましたね。でも、そんなに気になりませんでしたよ。

木下：**みなさん、怒ってらっしゃるんじゃないかって、心配してるんですけど。**

今野：大丈夫じゃないですか。そんなに気にしなくても。

木下：そうですか。

今野：次から気をつければいいと思いますよ。

木下：ほんと、すみません。息子にもよく言っておきます。

🔘 1-37

④佐々木：あれ、山下くん？

山下：おう。

佐々木：何買いに来たの？

山下：ジャズのCD。

佐々木：え？　山下くんって、ジャズ好きだったっけ？

山下：いや、一度聞いてみたいなあと思って、前田にCD借りたんだけど。

佐々木：うん。

山下：**ちょっとまずいことしちゃって。**

佐々木：どうしたの。

山下：落として傷ついちゃってさ、音が飛ぶんだよね。

佐々木：あーあ。

山下：で、同じCD買って返そうと思ったんだけど、見つかんなくて。なんか、ニューヨークに行ったときに、あっちで買ったらしいんだ。

佐々木：じゃあ、日本にはないかもね。

山下：やっぱり？　同じのじゃなきゃだめかな？

佐々木：そりゃそうじゃない？

山下：そうだよなあ。困ったなあ。

佐々木：ね、ネットで探してみた？　もしかしたら見つかるかもよ。

山下：そうかな。

佐々木：うん。

山下：じゃ、うち帰って探してみるよ。サンキュ。

佐々木：うん。

◆ スクリプト ◆

【 ディクテーション 】

🔘 1-38

① どうしてあんな失敗しちゃったんだろう。

② 勉強しなかったわけじゃないんですけど。

③ 1時間で帰ればよかったなあ。

④ 大丈夫じゃないですか。そんなに気にしなくても。

⑤ 山下くんって、ジャズ好きだったっけ？

【 ポイントリスニング 】

🔘 1-39

① うまくいかなかったらどうしよう。

② だめだったかもしれません。

③ 大丈夫だよ、きっと。

④ 森川さん、怒ってないかな。

⑤ あんまり気にしないほうがいいんじゃない？

⑥ やってしまったことは、しかたありませんね。

【 重要表現1 練習 】　自分の失敗をほかの人に伝える

🔘 1-40

①A：どうしたの？

　B：バイトで大きなミスしちゃったんだよね。

　A：そっかー。疲れてるんじゃない、最近。

　B：うん。あんまり寝てないんだ。

②A：山田さん、何かあったんですか。

　B：ええ。実は、ちょっとまずいことになってしまったんです。

　A：どうしたんですか。

　B：イベントのポスターが間に合わなくなってしまって。

　A：えっ。じゃ、どうするんですか。

③A：面接、どうだった？

　B：うーん、うまくいかなかったの。

　A：えー。緊張しちゃったの？

　B：緊張はしなかったんだけどね、質問にうまく答えられなかったの。

　A：いったい何聞かれたの？

④A：おい、試合どうだった？

　B：それが、負けちゃったんです。

　A：そっかー。相手は去年の優勝チームだからな。

B：がんばったんですけど、残念です。

A：まっ、しかたない。次がんばれよ。

【 重要表現2 練習 】 悪い結果を心配していることを伝える

●1-41

①A：英文学のレポート、出した？

　B：ううん、もしかしたら明日までに書けないかもしれない。

　A：まだ書けてないの？

　B：うん、今半分ぐらい。

②A：書類ありましたか。

　B：いいえ、今探しているんですけど。なかったらまずいことになりますよね。

　A：ええ。コピー、取ってないんですよね。

　B：はい。もう一度よく探してみます。

③A：ゼミの発表の準備できた？　明日だろ？

　B：うん、うまくいくかな。失敗したらいやだなあ。

　A：大丈夫だよ。じゃ、また明日な。

　B：うん。ありがとう。

④A：奨学金の結果、わかりましたか。

　B：いいえ、まだわからないんです。もらえないんじゃないかって心配なんですが。

　A：そうですか。もらえるといいですね。

第6課　電話をかける
でん わ

【聞き取り練習】
き と れんしゅう

🔵2-2

①女の人：はい、総務です。
おんな ひと　　　　　　そうむ

　山口：あのう、すみません。山口ですが、小川さん、お願いします。
　やまぐち　　　　　　　　　　　やまぐち　　　　おがわ　　　　ねが

　女の人：あー、小川さん、今ちょうど会議中なんですよ。
　　　　　　　おがわ　　　いま　　　　かいぎちゅう

　山口：そうですか。何時ごろ戻られますか。
　　　　　　　　　　　なんじ　　　もど

　女の人：さっき始まったところですから、時間かかるんじゃないかと思うんですが。
　　　　　　はじ　　　　　　　　　　　じかん　　　　　　　　　　　　　おも

　山口：そうですか。じゃあ、**すみませんが、予算のことで山口から電話があったと伝えて**
　　　　　　　　　　　　　　　　　　　よさん　　　　　やまぐち　でんわ　　　　　　つた
　　　　いただけますか。午後また電話しますので。
　　　　　　　　　　　　ごご　　　でんわ

　女の人：はい、わかりました。伝えておきます。
　　　　　　　　　　　　　　　　つた

　山口：じゃあ、よろしくお願いします。
　　　　　　　　　　　　　　　ねが

　女の人：はい、失礼します。
　　　　　　　　しつれい

🔵2-3

②ABCの人：ABCコミュニケーションです。
　　　　ひと

　和田：もしもし、クイック宅配の和田ですが、いつもお世話になっております。
　わだ　　　　　　　　　たくはい　わだ　　　　　　　　　せわ

　ABCの人：こちらこそ、いつもお世話になっております。
　　　　　　　　　　　　　　　　せわ

　和田：あのう、すみませんが、高山様いらっしゃいますか。
　　　　　　　　　　　　　　　たかやまさま

　ABCの人：あ、高山は、今、ちょっと席を外しているんですが。
　　　　　　　たかやま　いま　　　　　せき　はず

　和田：あ、そうですか。何時ごろお戻りになりますかね。
　　　　　　　　　　　　なんじ　　　もど

　ABCの人：そうですね。30分後には戻ると思いますが。
　　　　　　　　　　ぶんご　　　もど　おも

　和田：わかりました。じゃ、のちほどかけ直します。
　　　　　　　　　　　　　　　　　　なお

　ABCの人：あの、何か伝言ございますか。
　　　　　　　　なに　でんごん

　和田：あ、**お見積もりの件について、お話ししたいと思ったんですが。**大丈夫です。
　　　　　　みつ　　　けん　　　　　はな　　　　おも　　　　　だいじょうぶ
　　　　また、かけ直しますので。
　　　　　　　　なお

　ABCの人：そうですか。じゃ、お電話があったこと、伝えておきます。
　　　　　　　　　　　　　　　でんわ　　　　　つた

　和田：はい、よろしくお願いします。じゃ、失礼いたします。
　　　　　　　　　　　　ねが　　　　　　　しつれい

　ABCの人：失礼いたします。
　　　　　しつれい

🔵2-4

③学生：はい、川上研究室です。
　がくせい　　　かわかみけんきゅうしつ

　川上：もしもし、あのう、川上のうちの者なんですが、川上はおりますか。
　かわかみ　　　　　　　　かわかみ　　　もの　　　　　　かわかみ

　学生：あー、先生は授業中で、今いらっしゃらないんですが。
　　　　　　　せんせい　じゅぎょうちゅう　いま

　川上：そうですか。

　学生：あのう、授業が終わるのは3時45分ですので、4時にはお戻りになると思うんですが。
　　　　　　　　じゅぎょう　お　　　　じ　ふん　　　　　じ　　　もど　　　　おも

　川上：じゃ、**すみませんが、戻ってきましたら、うちに電話するように伝えていただけませんか。**
　　　　　　　　　　　　もど　　　　　　　　　　でんわ　　　　　つた

　学生：はい、わかりました。

川上：お願いします。じゃ、どうもすみません。

学生：はい、失礼します。

川上：ごめんください。

●2-5

④受付：はい、リアル・エステート東京です。

吉田：もしもし、吉田ですが。

受付：吉田様。お世話になっております。

吉田：あ、いえ。あの、**マンション購入の打ち合わせのことで、お電話したんですが**、杉本さん、いらっしゃいますか。

受付：はい、少々お待ちください。

────────

杉本：はい、お待たせいたしました。杉本です。

吉田：あの、吉田です。

杉本：あー、吉田様、いつも、ありがとうございます。

吉田：あの、**約束してました打ち合わせの件なんですが**。

杉本：はい。

吉田：申し訳ないんですが、ちょっと急用が入っちゃいまして。

杉本：あ、そうですか。

吉田：それで、別の日に変えていただきたいんですが。

杉本：ええ。

吉田：こちらの都合ですみません。

杉本：いえいえいえ。ご予定では、えー、土曜日 10 時でしたが、いつならよろしいですか。

吉田：日曜日の 10 時はいかがですか。

杉本：大丈夫ですよ。あ、では、日曜日 10 時に。

吉田：どうも、すみません。

杉本：いえいえ。では、日曜日お待ちしております。

吉田：よろしくお願いします。失礼します。

杉本：失礼いたします。

【ディクテーション】

●2-6

① 小川さん、今ちょうど会議中なんですよ。

② 予算のことで山口から電話があったと伝えていただけますか。

③ わかりました。じゃ、のちほどかけ直します。

④ すみませんが、戻ってきましたら、うちに電話するように伝えていただけませんか。

⑤ あの、約束してました打ち合わせの件なんですが。

21

【 ポイントリスニング 】
🔊 2-7

①A：田中さん、いらっしゃいますか。

　B：少々お待ちください。今かわりますので。

②A：田中さん、いらっしゃいますか。

　B：あいにく席を外しているんですが。

③A：田中さん、いらっしゃいますか。

　B：今、会議中でして。

④A：田中さん、いらっしゃいますか。

　B：すみません。今、ほかの電話に出てるんです。

⑤A：田中さん、いらっしゃいますか。

　B：はい、私ですけど。

⑥A：田中さん、いらっしゃいますか。

　B：そろそろ戻ってくるはずなんですが。

【 重要表現1 練習 】　用件を伝える
🔊 2-8

①A：もしもし、田中だけど。

　B：おお。

　A：あのさー、日曜日の試合のことで電話したんだけど。

　B：あーあー、どうした？

　A：それがさあ…

②A：もしもし、まきだけど。

　B：あ、まき。どうかした？

　A：先週話してた夏休みの旅行のことなんだけど。

　B：うん、何？

　A：うちで、そのこと話したらさあ、なんかね…

③A：はい、人事課、森です。

　B：あ、森さん？　山川ですが。

　A：あー、山川さん。

　B：あの、３時からの打ち合わせのことで、お電話したんですが。

　A：ええ。

　B：それが…

④A：もしもし、宮内ですが。

　B：あ、宮内さん。

　A：あのう、先生、今お時間よろしいですか。

　B：ええ。

　A：実は、お願いしたいことがあって、お電話させていただいたんですが。

　B：ええ、どうしたんですか。

【 重要表現2 練習 】　伝言をする

🔘2-9

①A：もしもし、俺だけど。

　B：ん。

　A：昨日の晩から熱が出ちゃって。

　B：大丈夫？

　A：うん。大丈夫だと思うけど。で、今日のミーティング、休むって伝えてもらえる？

　B：うん、いいよ。

②A：もしもし、福山ですが、上田さんいらっしゃいます？

　B：まだ来てないみたいですけど。

　A：じゃ、すみませんが、いらっしゃったら、お電話くださいと伝えていただけますか。

　B：はい、わかりました。

③A：おはようございます。橋本ですが。

　B：おはようございます。

　A：あのう、部長いらっしゃいますか。

　B：あー、まだみたいですけど。

　A：そうですか。あのう、熱が出たんで、今日は休みますって伝えてもらえますか。

　B：わかりました。お大事に。

④A：申し訳ありません。杉山は今、席を外しております。昼には戻りますが。

　B：あー、そうですか。打ち合わせの時間のことでお電話したんですが。じゃ、2時ごろもう
　　　一度お電話しますとお伝え願えますか。

　B：わかりました。

第7課　健康のために
けんこう

【 聞き取り練習 】
き　と　れんしゅう

●2-10

① 長田：大久保さん、もう一杯いかがですか。
なが た　おお く ぼ　　　　　　いっぱい

大久保：ううん、今日はこのぐらいでやめとくよ。
おお く ぼ　　　　　きょう

長田：えー！　めずらしい。どうなさったんですか。

大久保：うん、最近お酒を飲むと、すぐ酔っちゃうんだよ。
　　　　　　　さいきん さけ の　　　　　　　よ

長田：へー、そうなんですか。

大久保：うん、もう年なのかなあ。
　　　　　　　　　とし

長田：そんなことないですよ。あ、そういうときは、**お酒を飲む前に牛乳を飲むといいみ**
　　　　　　　　　　　　　　　　　　　　　　　　　さけ の まえ ぎゅうにゅう の
たいですよ。

大久保：牛乳？
　　　　ぎゅうにゅう

長田：ええ。

大久保：牛乳、苦手なんだよなあ。
　　　　ぎゅうにゅう にがて

長田：あー、じゃ、おつまみにチーズを食べるとかでもいいんですけど。
　　　　　　　　　　　　　　　　　た

大久保：ほー、チーズだったらいいかな。

長田：とにかく**飲む前に乳製品をとるようにしたらいいん**ですって。チーズとか、ヨーグ
　　　　　　　の まえ にゅうせいひん
ルトとか。

大久保：へー。

長田：乾杯の前にまずチーズを一口ですよ。
　　　　かんぱい まえ　　　　　　　ひとくち

大久保：あ、そっか。あ、じゃ、今度からそうするよ。
　　　　　　　　　　　　　　　　こん ど

●2-11

②片山：平田、プール続いてんの？
かたやま ひら た　　　　つづ

平田：うん、行ってるよ。
ひら た　　い

片山：どのぐらい行ってんの？
　　　　　　　　い

平田：うーん、だいたい1日おきかな。
　　　　　　　　　　にち

片山：がんばってんな。

平田：うん、長く泳げるようになったから、おもしろくなってきてさ。
　　　　　なが およ

片山：ふーん。どのぐらい泳げるようになった？
　　　　　　　　　　　およ

平田：えー、600メートルぐらいかな。最初は200メートルも泳げなかったんだけどさ。
　　　　　　　　　　　　　　　　　さいしょ　　　　　　　　およ

片山：600メートル？　すごいな。

平田：結構すごいだろ？　でさ、最近、5階の教室まで階段で上がるんだけど。
　　　けっこう　　　　　　　　さいきん かい きょうしつ かいだん あ

片山：えっ、エレベーター使わないの？
　　　　　　　　　　つか

平田：うん。前だと、3階までで、もうだめだったんだけど、**今は5階まで上がっても、息**
　　　　まえ がい　　　　　　　　　　　　　　　　いま かい あ いき
切れしないもんなあ。
ぎ

片山：すごいなあ。

平田：やっぱ、泳ぐと気持ちいいよ。片山もやればいいのに。すぐ近くにプールもあるんだし。

片山：あー、俺はいいや。めんどくさいもん。

●2-12

③斉藤：内田さん、こんにちは。

内田：あ、こんにちは。

斉藤：内田さん、最近、ジョギングなさってるんですって？　健康的ですね。

内田：ええ。ジョギング始めてから、とっても体の調子がいいんですよ。

斉藤：そうですか。ほかに何か特別なこと、なさってるんですか。

内田：実は、2ヶ月ほど前からビタミン剤を飲んでるんですよ。

斉藤：へー、ビタミンですか。

内田：朝と晩飲むんですけどね。毎日飲んでたら、疲れにくくなってきて。それに、肌の調子もいいんですよ。

斉藤：それ、高くないんですか。

内田：そんなに高くないですよ。1ヶ月で3000円ぐらいかなあ。

斉藤：そうですか。

内田：斉藤さんもいかがですか。ご興味がおありでしたら、パンフレット持ってきますよ。

斉藤：じゃ、今度、見せてくださいます？

●2-13

④医者：で、福田さん、具合はいかがですか。

福田：え、おかげさまで、だいぶ調子いいです。

医者：そうですか。あ、でも、血圧変わりませんね。ずいぶん高いですよ。

福田：あ、そうですか。

医者：たばこ、ちゃんと止めてますか。

福田：最近はほとんど吸ってませんよ、先生。

医者：何本ぐらい？

福田：1日5本まで減らしました。

医者：うーん、完全に止めないと意味ないんですけどね。

福田：でも、私としてはこれが精一杯なんです。

医者：いいですか、このままですと、どんどん悪くなっていきますよ。

福田：でも、やっぱり止められないんです。

医者：うーん、じゃ、禁煙クリニックに行ってみますか。

福田：クリニックって病院ですか。

医者：ええ、禁煙専門のね。紹介状、書いときますから。

福田：はあ。

医者：とにかく、もっと自分の体を大切にしないと。このままじゃ、本当にひどいことになりますからね。

福田：わかりました。じゃ、紹介状、お願いします。

【 ディクテーション 】

◉2-14

① 今日はこのぐらいでやめとくよ。

② おつまみにチーズを食べるとかでもいいんですけど。

③ 片山もやればいいのに。

④ 最近、ジョギングなさってるんですって？

⑤ 完全にやめないと意味ないんですけどね。

【 ポイントリスニング 】

◉2-15

① 食事にはとても気をつかっているんです。

② ヨガでもしてみようかなって思ってるんですけどね。

③ 1週間に1回は運動するようにしてるんですけど。

④ 朝起きたら、水を飲むことにしてます。

⑤ スポーツか。暖かくなったらやろうかな。

⑥ ジョギングですか。もちろん続けてますよ。

【 重要表現1 練習 】 相手にいいと思うことを教える

◉2-16

①A：最近、太ってきちゃって。

　B：テストも近いし、ストレスたまるよね。

　A：うん、運動したいけど、時間もないし。

　B：じゃ、教室に行くとき、階段使ったらいいかも。いい運動になると思うよ。

　A：階段？　ちょっとめんどくさいなあ。

②A：おはよう。あれ、顔色悪いよ。どうしたの？

　B：うん、二日酔いで頭痛くって。

　A：二日酔いのときは、熱い緑茶を飲んだらいいんだって。

　B：へえ、そうなんだ。知らなかった。

③A：あー。

　B：お疲れですね。

　A：うん、パソコンの使いすぎかな。肩こりがひどくてね。

　B：そういうときは、温かいタオルを肩にのせるのなんか、いいみたいですよ。

　A：あ、そう。じゃ、やってみようかな。

④A：最近、なかなか眠れないんですよ。

　B：それって、つらいですよね。

　A：ええ。

B：あ、眠れないときは、温かいミルクを飲むといいって言いますよ。

A：そうなんですか。じゃ、今度試してみますね。

【 重要表現 2 練習 】　自分の体の状態の変化について話す
2-17

①A：千恵子、最近やせたんじゃない？

　B：わかる？　朝、犬の散歩しながら、ジョギングしてるの。

　A：へえ、そう。

　B：最初のうちは、すぐ疲れたけど、最近は 30 分走っても大丈夫。

　A：30 分？　すごいね。

②A：ジャズダンス、始めたんだって？

　B：ええ、木村さんに誘われて。

　A：で、どう？

　B：体調もよくなって、それに、ウエストもゆるくなってきたんですよ。

　A：そう？　私も始めようかしら。

③A：長沢さん、顔色悪いけど、大丈夫？

　B：なんだか最近、疲れやすくて。それに、食欲もないんです。

　A：そう。ストレスがたまってんじゃないのかな。あんまり無理しないようにね。

　B：はい、ありがとうございます。

④A：たばこをやめてから、調子はどうですか。

　B：おかげさまで、疲れにくくなりましてね。

　A：うーん、そうですか。血圧も下がってきてますしね。

　B：ええ。でも、食べ物が何でもおいしくて、体重が増えちゃったんです。

第8課　駅で
えき

【 聞き取り練習 】
きとりれんしゅう

2-18

①乗客：あのう、すみません。
じょうきゃく

駅員：はい。
えきいん

乗客：あの、**新幹線にかばんを忘れちゃったみたいなんです。**
しんかんせん　　　　　　わす

駅員：忘れ物ですか。どの新幹線ですか。
わすもの　　　　　　しんかんせん

乗客：えとー、東京行きのひかり27号です。今ちょうど降りたばかりなんですが。
とうきょういき　　　　　　ごう　いま　　　　お

駅員：**ひかり27号だったんですね？**
ごう

乗客：はい。

駅員：えとー、どんなかばんですか。

乗客：茶色の小さなハンドバッグで、ええっと、このくらいの大きさでした。
ちゃいろ　ちい　　　　　　　　　　　　　　　　　　　　　おお

駅員：ええ。

乗客：ブランド品とかじゃなくて、普通のかばんです。
ひん　　　　　　　ふつう

駅員：茶色のハンドバッグ。中には何が？
ちゃいろ　　　　　　なか　　なに

乗客：あのう、文庫本1冊と手帳だけなんですが。
ぶんこぼん　さつ　てちょう

駅員：本と手帳ですね。
ほん　てちょう

乗客：はい。

駅員：じゃ、すぐに新幹線の方に問い合わせてみますので、お名前とご連絡先を教えていた
しんかんせん　ほう　と　あ　　　　　　　　　　なまえ　　れんらくさき　おし

だけますか。

乗客：はい。滋賀県大津市…
しがけんおおつし

2-19

②乗客1：あのう、すいません。ここ、空いてますか。
じょうきゃく　　　　　　　　　　　　あ

乗客2：あ、どうぞ。空いてますよ。
あ

乗客1：あのう、すいません。**この電車、大久保に止まりましたでしょうか。**
でんしゃ　おおくぼ　と

乗客2：大久保には止まりませんよ。これ、快速だから。大久保だったら、各停に乗らないと。
おおくぼ　と　　　　　　　　　　かいそく　　おおくぼ　　　　　　かくてい　の

乗客1：各停って？
かくてい

乗客2：あ、各停は各駅停車。普通電車のこと。
かくてい　かくえきていしゃ　ふつうでんしゃ

乗客1：あー。

乗客2：あの、次の駅で普通に乗り換えたほうがいいですよ。**普通は、確か、向かいのホーム**
つぎ　えき　ふつう　の　か　　　　　　　　　　ふつう　　たし　　む

から出てたと思いますが。
で　　　　おも

乗客1：そうですか。どうもありがとうございます。

2-20

③乗客：あの、すみません。
じょうきゃく

駅員：はい。
えきいん

乗客：さっき、広島行きの切符、2枚買ったんですが。どうも指定の日付を間違えちゃった
ひろしまいき　きっぷ　まいか　　　　　　　　　してい　ひづけ　まちが

ようなんです。ええと、日付の変更は可能ですか。

駅員：ええ、大丈夫ですよ。

乗客：ああ、よかった。じゃ、これ、お願いします。

駅員：**変更は2枚ともでよろしいですか。**

乗客：はい、両方です。

駅員：はい、かしこまりました。いつに変更なさいますか。

乗客：23日でお願いします。

駅員：出発時刻は？

乗客：あー、時間はそのままで結構です。

駅員：はい、わかりました。じゃ、23日の14時8分発、ひかり34号、東京から広島ですね。

乗客：はい。あ、どうも。

●2-21

④上司：山田さん、遅いなあ。

部下：そうですねえ。**山田さん、朝弱いから、起きられなかったんじゃないかな。**

上司：おいおい、そんなの困るよ。

部下：ちょっと電話してみましょうか。

上司：うん。

―――――――

部下：あ、かかってきた。

　　　はい、武田ですが。あ、山田さん。…はい。…はい。…ええ。わかりました。じゃあ、
　　　先に行ってますね。

上司：山田さんから？

部下：ええ。山田さん、電車で寝てしまって、次の駅まで行っちゃったらしいんですよ。

上司：え？　寝過ごしちゃったの？　困るなあ。

部下：すぐに追いかけますから、先に行っててくださいって。

上司：ちゃんと来ることは来るんだな。

部下：ええ、それは間違いないと思いますけど。

上司：しかたない。じゃ、先に行くか。

【 ディクテーション 】

●2-22

① 新幹線にかばんを**忘れちゃった**みたいなんです。

② 大久保だったら、各停に**乗らないと。**

③ どうも指定の日付を**間違えちゃった**ようなんです。

④ 時間はそのままで**結構**です。

⑤ すぐに追いかけますから、先に**行ってて**くださいって。

【 ポイントリスニング 】
🎵2-23
① 降りる駅を間違えちゃったんだ。
② 片道でよろしかったですか。
③ この電車、新大阪に止まりますよね？
④ この駅、朝すごく込むんですよ。
⑤ 山本さんも来るって言ってましたっけ？
⑥ 東京までは210円でしたよね？

【 重要表現1 練習 】 情報が確かかどうかたずねる
🎵2-24
①A：ねえねえ、待ち合わせは、6時半だったよね？

B：うん、そうだよ。

A：それから、場所は浦和駅の西口でよかったんだっけ？

B：うん、そうだったと思うけど。

②A：ちょっと、明日のことで、聞いておこうと思って。

B：何？

A：新幹線の切符、僕が2枚買っておくんでいいんだよね？

B：うん。

A：じゃ、とりあえず立て替えておくね。

B：うん、悪いけど、お願い。

③A：すみません。

B：はい。

A：あの、品川まで急行で行きたいんですが、10番ホームで間違いないですよね？

B：ええ、10番で大丈夫ですよ。

④A：あの、新幹線じゃなくて、特急で間違いないですよね？

B：ええ、そうですよ。

A：出発時間は3時45分でしたっけ？

B：そうだったと思いますよ。

【 重要表現2 練習 】 確信はないが可能性があると言う
🎵2-25
①A：待ち合わせは改札だったっけ？

B：うん、僕もそうだったと思うんだけど。

A：確か、そうだったよね？

②A：乗り換えは渋谷だよね？

B：うん、渋谷だったんじゃないかな。ちょっと自信ないけど。

③A：あの、次の快速は新宿に止まりますか。

B：ええ、確か、そうだったと思いますが。でも、はっきりわからないので、すみませんが、誰か他の方に聞いていただけますか。

④A：お客さんを空港まで迎えに行くのは誰になってましたか。

B：ええと、田中さんが行くことになってたと思いますけど。

A：そうですか。

【 重要表現3 練習 】　自分の責任を回避するためにやわらげて言う

2-26

①A：あのさ、すっごく悪いことしちゃったんだけど。

B：何？

A：あの、借りてたデジカメなんだけど、壊しちゃったみたいなんだよね。ごめん。

B：えー、うそー。

②A：ごめん。あのさ、今日返す約束してたあの…

B：CD？

A：うん。忘れてきたみたいなんだ。明日絶対、持ってくるから。

B：うん、じゃ、明日絶対ね。

A：うん。ごめんね。

③A：あのう、すみません。

B：はい。

A：これ、昨日こちらで買った本なんですけど。

B：ええ。

A：同じのをもう持ってたみたいなんで、返品お願いしたいんですが。

B：少々お待ちください。

A：はい。

B：あの、レシートはお持ちですか。

A：はい。

④A：あの、切符を間違えて買っちゃったみたいなんです。

B：はい。変更ですか、払い戻しですか。

A：あ、払い戻しでお願いします。

第9課　趣味
しゅみ

【 聞き取り練習 】
きとりれんしゅう

●2-27

①鈴木：お、浜田さん。おはよ。
すずき　はまだ

浜田：あー、鈴木さん。おはようございます。
はまだ　すずき

鈴木：突然だけど、来週の土曜日って、予定、入ってる？
とつぜん　らいしゅう　どようび　よてい　はい

浜田：来週の土曜日ですか。今のところ、大丈夫ですけど。
らいしゅう　どようび　いま　だいじょうぶ

鈴木：**来週の土曜にね、ヒラメ釣りに営業のみんなで行こうって言ってるんだけど、浜田さ**
らいしゅう　どよう　つ　えいぎょう　い　はまだ
んも来ない？　前に興味あるって言ってたよね。
こ　まえ　きょうみ　い

浜田：へー、ヒラメですか。釣れるんですか。ヒラメなんて。
つ

鈴木：釣れるよ。毎年行ってるところだから。
つ　まいとしい

浜田：へー。

鈴木：大丈夫。ヒラメが釣れなくても、ほかにもいろんな魚いるから、何か釣れるって。
だいじょうぶ　つ　さかな　なに　つ

浜田：**おもしろそうですね。行ってみたいなあ。**
い

鈴木：釣りはやったことあるんだろ。
つ

浜田：ええ、大学時代に少しだけですけど。
だいがくじだい　すこ

鈴木：じゃ、大丈夫だ。行くよな？
だいじょうぶ　い

浜田：はい、じゃ、行きます。
い

●2-28

②美咲：あ、百合、おはよ。
みさき　ゆり

百合：おはよ。
ゆり

美咲：そうだ。あれ、どうだった？　くろしお大学のテニスサークル。日曜日、初めて行った
だいがく　にちようび　はじ　い
んだよね。

百合：んー、まあまあかな。

美咲：まあまあかなって、楽しくなかったの？
たの

百合：んー、あんまり。なんか、みんな、まじめにやってないんだよね。

美咲：そりゃそうだよ。サークルなんだから。

百合：んー、でもー。

美咲：大学のサークルって、楽しむためのもんでしょう？
だいがく　たの

百合：うん、でも、あんなんだと思ってなかったんだもん。なんか、恋人作るためのサーク
おも　こいびとつく
ルみたいで。

美咲：**じゃあさ、うちのサークルに来てみる？　女の子ばっかりだけど、みんなまじめにやっ**
き　おんな　こ
てるし。

百合：あ、そうなんだ。

美咲：1回来てみて、それで**気に入ったら、入ることにしたら？**
かいき　きい　はい

百合：うん、そうだね。じゃ、一度、見学に行ってみようかな。
いちど　けんがく　い

●2-29

③平川：あら、山根さん、こんにちは。

山根：あ、平川さん。お出かけですか。

平川：ええ。ちょっと着付けに。

山根：へえ、着付けを習ってらっしゃるんですか。

平川：ええ、先月からなんですけど。

山根：あら、将来は教室かなにか開くんですか。

平川：いいえ、ただの趣味ですよ。母が私に着物をたくさん作ってくれていて。要らないっ
　　　て言ってるんですけどね。

山根：うちもおんなじ。着ない着物がたくさんあって、ほんともったいない。平川さんみた
　　　いに、自分で着られるといいんですけど。

平川：着られないから、教室に通ってるんですよ。**よかったら、山根さんもご一緒にいかが
　　　ですか。**

山根：**でも、着付けってなんだか難しそうで。**

平川：そうでもないんですよ。あ、そろそろ行かなくちゃ。

山根：あ、そうですか。じゃ、また。

平川：じゃ。

●2-30

④　達也：あのさ、ちょっと、おもしろい話があるんだけど。

ゆかり：なーに？　おもしろいって。

　　達也：俺、バンドに入ることに決めたんだ。

ゆかり：へー、おもしろそうじゃん。で、どのパート？

　　達也：ベースギターなんだけどさ。

ゆかり：そっか。達也、昔バンドやってたしね。

　　達也：うん。いや、それでね、相談なんだけど。

ゆかり：うん。

　　達也：ゆかり、ボーカルやらない？

ゆかり：えっ？

　　達也：今、ボーカルする子、探してるんだ。

ゆかり：ボーカル？　**私、やったことないよ。歌だって下手だし、だめだよ。**

　　達也：いい声してると思うけどなあ。ま、そんなこと言わないで、考えてみてよ。

ゆかり：無理、無理。無理だって。**なんか続かない気がするし。**

【 ディクテーション 】

●2-31

①　ヒラメ釣りに営業のみんなで**行こう**って**言って**るんだけど。

②　そりゃそうだよ。サークルなんだから。

③　よかったら、山根さんもご一緒にいかがですか。

④　でも、着付けってなんだか難しそうで。

⑤　そんなこと言わないで、考えてみてよ。

【 ポイントリスニング 】
2-32

①　健康のために何かスポーツをすることにしました。

②　来月からスイミングスクールに通うことにしたんだ。

③　ゴルフかー。健康にもよさそうだけど、高い気がするし、どうしようかなあ。

④　お茶かお花を習うのがいいかなって思ってるんだけど。

⑤　おもしろそうだね。僕もやってみようかな。

⑥　ハイキングクラブに入ることに決めたんですよ。

【 重要表現1 練習 】　誘う
2-33

①A：ねえねえ、野球好きだったよね。

　B：うん。

　A：巨人ファンだっけ？

　B：うん。

　A：俺もなんだ。今度、東京ドームに一緒に行かない？

　B：おっ、いいね。

②A：最近、エアロビ、始めたんだって？

　B：うん。とってもいいよ。美佐子もやってみる？

　A：うん、おもしろそうだね。

③A：部長。

　B：ん？

　A：久しぶりに、ゴルフいかがですか。今度の週末にでも。

　B：週末？

　A：ええ。

　B：そうだな。最近、体、動かしてないしな。久しぶりに行ってみるか。

④A：美香さんってピアノ興味あります？

　B：ええ。

　A：僕、趣味でピアノをやってるんですけど、今度、小さなコンサートがあるんですよね。
　　　で、よかったら、いらしてみませんか。

　B：へえー、いつですか。

【 重要表現2 練習 】　誘いに興味を示す

🔴2-34

①A：今度の週末、久しぶりにゴルフでも、どう？

　B：わあ、ほんと、久しぶりですね。ぜひ、お願いします。

②A：ねえねえ、"Shall we dance?"のチケットがあるんだけど、一緒に行く？

　B：あー、行きたい！　ほんとにいいの？

　A：もちろんだよ。

③A：平川さん。平川さんってギター、お弾きになるんですよね。

　B：ええ、学生時代にやってただけですけど。

　A：よかったら、会社のバンドに入りません？

　B：僕でいいんですか。久しぶりだけど、なんか、やってみたいなあ。

④A：なあ、これが大学生活最後の夏休みになるんだよな？

　B：うん、そうだな。

　A：突然だけど、思い出にさー、みんなで富士山に登らない？

　B：いいね、いいね。おもしろそう。

【 重要表現3 練習 】　誘いに興味があまりないことを示す

🔴2-35

①A：ねえねえ、今度の休みにさー。

　B：うん。

　A：東南アジア旅行に行ってみない？　タイでもベトナムでもどこでもいいんだけどさー。

　B：ええ？　東南アジア？　あたし、暑いの苦手なんだ。暑さには耐えられない気がする。

②A：週末に釣りなんか、どう？

　B：あー、釣りですか。実は、やったことがないんですよ。

　A：大丈夫だよ。教えてやるから。

　B：いや、でも。

③A：なあなあ、会社にテニスコートあるの、知ってた？

　B：あ、ん、知ってたよ。

　A：昼休み、やってみない？　昔、やってたって聞いたけど。

　B：えー、誰に？　中学んときだよ。今はできるかどうか自信ないし。

④A：木村さんって、ギター、お弾きになるんですよね。

　B：うん、まあ。

　A：会社のバンドに入りません？

　B：えー、無理、無理。俺、下手くそだもん。

第10課　抱負
（ほうふ）

【聞き取り練習】
（きゅうとり れんしゅう）

2-36

①本田：失礼します。
（ほんだ）（しつれい）

先生：はい。あ、本田君。
（せんせい）　　（ほんだくん）

本田：先生、やりましたよ。
（ほんだ）（せんせい）

先生：ん？

本田：試験、合格しました。
（しけん）（ごうかく）

先生：そっかー。いやー、よかったね。おめでとう。

本田：はい、本当に先生のおかげです。
　　（ほんとう）（せんせい）

先生：そんなことないよ。本田君ががんばったからさ。いやー、ほんと、よかったよかった。
　　　　　　　　　　　（ほんだくん）

本田：ありがとうございます。**患者さんに信頼される医者になれるように、がんばります。**
　　　　　　　　　　　　　　（かんじゃ）　（しんらい）　（いしゃ）

先生：うん。

本田：できれば、医者が足りないところで働きたいと思ってるんです。
　　　　　　　（いしゃ）（た）　　　　　　（はたら）　　（おも）

先生：ま、でも、医者としては、まだスタートラインに立ったばかりだからなあ。よく考え
　　　　　　　（いしゃ）　　　　　　　　　　　　　　（た）　　　　　　　　　　（かんが）
　　てからにしたほうがいいぞ。

本田：はい。これから現場に出て、じっくり考えていきたいと思っています。
　　　　　　　　（げんば）（で）　　　　　　（かんが）　　　　　（おも）

先生：うん、私でよければ、いつでも相談にのるからね。**これからもがんばりなさい。**
　　　　　（わたし）　　　　　　　　　（そうだん）

本田：はい。ありがとうございます。

2-37

②福田：最近、仕事どう？
（ふくだ）（さいきん）（しごと）

水野：そうねー。あいかわらずかな。転職、本気で考えてるんだけど。
（みずの）　　　　　　　　　　　　（てんしょく）（ほんき）（かんが）

福田：えっ？　でも、30過ぎちゃったし、次の仕事見つけるのって、結構難しいんじゃない？
　　　　　　　　　　（す）　　　　（つぎ）（しごとみ）　　　　　（けっこうむずか）

水野：うーん。だから、翻訳家になるために、英語の通信教育始めたんだ。
　　　　　　　　（ほんやくか）　　　　　　（えいご）（つうしんきょういくはじ）

福田：通信教育か。水野さん、英語得意だもんね。
　　（つうしんきょういく）（みずの）（えいごとくい）

水野：ううん、それほどでもないよ。実際は難しいかもしれないけど、**将来、映画や小説の**
　　　　　　　　　　　　　　（じっさい）（むずか）　　　　　　　（しょうらい）（えいが）（しょうせつ）
　　翻訳をしていけたらって思って。
　　（ほんやく）　　　　　　（おも）

福田：そっかー。夢があって、いいね。**がんばったら、きっとなれるよ。**
　　　　　　　（ゆめ）

水野：だといいんだけどね。

福田：もちろん。で、毎日勉強してんの？
　　　　　　　　（まいにちべんきょう）

水野：うん。朝5時に起きて2時間ぐらい。夜は仕事で疲れて勉強できないし。
　　　　（あさ）（じ）（お）（じかん）　　（よる）（しごと）（つか）（べんきょう）

福田：すごーい！

水野：うん。でも、それで食べていけるようになるかどうか、ちょっと心配なんだけど。
　　　　　　　　　　（た）　　　　　　　　　　　　　　　　　（しんぱい）

福田：あ、そういえば、私の友達にね、翻訳の仕事している人がいるんだけど、話してみる？
　　　　　　　　　（わたし）（ともだち）（ほんやく）（しごと）　　（ひと）　　　　　　（はな）
　　よかったら、紹介するよ。
　　　　　　　（しょうかい）

水野：ほんと？　ありがとう。

2-38

③ 林：朝倉さーん、ちょっとお聞きしたいことがあるんですけど。

朝倉：えっ、何？

林：朝倉さんって、すごく話が上手で、できる営業マンって感じですよね。

朝倉：えっ、そうかなあ。まだまだだけど。

林：どうやったら、朝倉さんみたいに、できる営業マンになれますか。俺、もっと成績上げたいんです。

朝倉：うーん。じゃあさ、林さんも営業のセミナー、受けてみる？

林：セミナーですか。

朝倉：うん、僕も1年ぐらい前に受けたんだけど、その後、印象が変わったって、取引先の人に言われたよ。

林：そうなんですか。あ、興味あります。もっとくわしく教えてくれませんか。

朝倉：じゃ、後でホームページのアドレス、メールで送るから見てみて。

林：ありがとうございます。僕も朝倉さんを目標にがんばります。

朝倉：ははは、いやあ、そんなふうに言われると照れるなあ。まあ、とにかく、**林さん、営業の仕事向いてると思うから、がんばって。**

林：はい、がんばります。

2-39

④ 小林：安藤君、どうしたの。朝の授業に遅れないで来てるなんて、めずらしいね。

安藤：うん。まあね。

小林：何かあったの。

安藤：失礼だなあ。俺だって、いろいろ考えてるんだよ。

小林：ふうん。

安藤：将来、国連で働きたいって思ってさ。

小林：国連！　へー、安藤君が!?

安藤：うん。英語はまあまあ自信があるんだけど、何かもう1ヶ国語ぐらいできなきゃだめだろ？　だから、この中国語の授業、真剣に勉強しようかなって。

小林：そっか。

安藤：うん。**来年、交換留学に応募してみようって決めたんだ。**

小林：交換留学？　学校で二人しか行けないんじゃないの？

安藤：うん。けっこう難しいみたい。

小林：安藤君って、そんなに中国語の成績よかったっけ？

安藤：いや。だから、成績を上げるために、ちょっとがんばろうと思ってさ。

小林：ふーん、そうなんだ。

安藤：何だよ。

小林：ううん。いつまで続くかなあと思って。

安藤：大丈夫。今回は本気だから。

小林：そう。じゃ、三日坊主にならないようにね。

安藤：ほんと失礼だなあ。

【 ディクテーション 】

⏺2-40

① でも、30過ぎちゃったし、次の仕事見つけるのって、結構難しいんじゃない？

② 水野さん、英語得意だもんね。

③ 難しいかもしれないけど、将来、映画や小説の翻訳をしていけたらって思って。

④ 朝倉さん、ちょっとお聞きしたいことがあるんですけど。

⑤ 何かもう１ヶ国語ぐらいできなきゃだめだろ？

【 ポイントリスニング 】

⏺2-41

① 新しい仕事、見つかるといいね。

② がんばってるんだから、きっと合格できるよ。

③ 自分の店を持ちたいって思ってるんです。

④ 今年こそ独立しなくちゃね。がんばって。

⑤ 自分の店、持ちたいなあ。

⑥ 将来は弁護士になれたらって思ってるんだけど。

【 重要表現1 練習 】　抱負を述べる

⏺2-42

①A：秋田、最近、バイトがんばってるな。

　B：うん、夏休みにニュージーランドでホームステイするって決めたんだ。

　A：へえ、すごいな。

　B：英語、もうちょっとできるようになりたいしさ。

②A：中村さん、スポーツジムに行ってるんだって？

　B：ええ。

　A：運動あんまり好きじゃなかったよね？

　B：そうなんだけど、泳げるようになりたいなあって思って。

　A：そうなんだ。

③A：長野さん、どうですか。新しい課は？

　B：はい、早く仕事に慣れて、皆さんのお役に立てるようにがんばります。

　A：そうですか。期待してますよ。

　B：ありがとうございます。

④A：山下さんは、当社でどんな仕事をしたいとお考えですか。

　B：えーっと、営業の仕事がしたいと思っています。

Ａ：どうして営業がご希望なんですか。

Ｂ：いろいろな人に出会って、自分をみがきたいと思っているんです。

Ａ：そうですか。

【 重要表現2 練習 】　はげます／応援する

●2-43

①Ａ：俺さ、会社辞めて、大学院に行くって決めたんだ。

Ｂ：えーっ、何の勉強しようと思ってんの？

Ａ：心理学。ずっと前から勉強したいと思ってたんだ。

Ｂ：そう。おまえなら、きっとできるよ。

②Ａ：あ、杉野さん、どこ行くの？

Ｂ：図書館。もうすぐ試験だから。

Ａ：あ、そっかー。

Ｂ：今年こそ、絶対に司法試験に合格するんだ。

Ａ：うん。応援してるからね。最後までがんばって。

Ｂ：ありがとう。

③Ａ：おはようございます。川口さん、朝からがんばってますね。

Ｂ：あ、はい。もうすぐマラソン大会ですからね。

Ａ：あ、そうですね。

Ｂ：今度こそは、最後まで走りたいなあって思ってるんです。

Ａ：川口さん、毎日走ってらっしゃいますから、きっと大丈夫ですよ。

Ｂ：ありがとうございます。あ、じゃ、また。

④Ａ：将来自分のレストランを持つっていう夢があって。

Ｂ：へえ、すごいですね。

Ａ：今、経営についても勉強しているんだ。

Ｂ：そうですか。私にできることがあったら、なんでも言ってください。

Ａ：おっ、サンキュー。

◆ 単語表 ◆

第1課　出会い　First meeting ／相遇／첫 만남／Encontro

スキット①

空いている	vacant/(a seat is) not taken	空着	비어있다	(o lugar) esta desocupado
授業	a class	课	수업	aula, classe
経済	Economics	经济	경제	ecônomia
特に(…ない)	not particularly/not really	并没有…	특별히 (…없다)	não particularmente...
お弁当	a boxed lunch	盒饭	도시락	marmita, lanche

スキット②

見学	observation	参观	견학	visita para observação
ダンス教室	a dance class	舞蹈班	댄스교실	aula de dança
ベテラン	an expert	老手	베테랑	veterano
経験	experience	经验，经历	경험	experiência
経験者	someone who has experienced	有经验的人	경험자	experiente
思い出す	to remember/recall	想起来	생각해내다 / 기억해내다	lembrar-se
タンゴ	tango	探戈	탱고	tango
参加する	to participate	参加	참가하다	participar

スキット③

興味深い	interesting	很有意思，很有兴趣	흥미깊은	interessante
名刺	a business card	名片	명함	cartão de visita
交換する	to exchange	交换	교환하다	trocar
株式会社	a corporation	股份公司	주식회사	empresa, corporação
お目にかかる	to meet	见，见面	만나뵈다	encontrar-se com
ビジネスマナー	business manners	商务礼仪	비즈니스 매너	etiqueta empresarial
連絡する	to contact	联络，联系	연락하다	avisar, comunicar

スキット④

久しぶり	(it) has been a while	好久	오래간만	a quanto tempo..., faz tanto tempo...
同期	joined in the same year	同期	동기	da mesma época (ano)
とりあえず	anyway	先，匆忙	일단	por enquanto...

第2課　ホテルで　At a hotel ／在饭店／호텔에서／ No hotel

スキット①

ツイン(ルーム)	a twin room	双人房	트윈 (룸)	quarto de cama dupla
空いている	vacant/available	空着	비어있다	esta vago, disponível
ホームページ	a homepage	网页，主页	홈페이지	homepage
税込み	including tax	包括税款在内的金额	세금 포함	imposto incluido
サービス料	service fee	服务费	서비스료	taxa de serviço
一部屋	one room	一个房间	원룸	um quarto

スキット②

女風呂	a women's bath	女浴池	여탕	banho feminino
入れ替え	a switch/change	交换，换上	교체	troca
逆	the other way around/ opposite	相反	역 / 반대	inverso
露天風呂	a hot spring (not covered by a roof)	露天浴池	노천 목욕탕	banho (água termal) ao ar livre

スキット③

ラウンジ	a lounge	休息室	라운지	bar, barzinho
バー	a bar	酒吧	술집，바	bar, barzinho
営業	(a store is) open	营业	영업	horário em serviço (aberto)
施設	facilities	设施	시설	instalações
スポーツジム	a gym	体育馆，健身房	체육관	academia esportiva
パンフレット	a pamphlet	小册子	팸플릿，소책자	panfleto

40

スキット④

クレジットカード	a credit card	信用卡	신용카드	cartão de crédito
ちっちゃい	small/tiny	小, 小的	작다, 조그마하다	pequeno
現金	cash	现金	현금	dinheiro vivo
ATM	an automatic teller machine	自动柜员机	현금 자동 입출금기	balcão eletrônico
お金を下ろす	to withdraw money	取钱	예금 / 저금을 인출하다	sacar o dinheiro

第3課　うわさ　　Gossiping ／谈论／소문／ Boato

スキット①

店長	a store manager	店长	점장	gerente
叱る	to scold	责备, 批评	꾸짖다, 나무라다	chamar a atenção
遅刻する	to be late	迟到	지각하다	atrasar
連絡を入れる	to contact/call	联络, 联系	연락하다	avisar, comunicar sobre
まずい	not good, not acceptable	不好, 不妙	난처하다	ruim, mal
注文を取る	to take an order	下单, 征集订货	주문을 받다	ouvir (tirar) o pedido

スキット②

受付	a reception desk	接待, 传达室	접수처	balcão de atendimento
主任	a group leader	主任	주임	lider (do grupo)
相手の人	one's counterpart	对方	상대방	a outra pessoa
クラスメート	a classmate	同班同学, 同学	급우, 반친구	colega de classe
うらやましい	envious	羡慕	부럽다	no sentido de inveja, dor de cotovelo

スキット③

転勤する	to transfer	调动工作	전근하다	transferência para outro local de trabalho
ばったり会う	to bump/run into someone unexpectedly	突然相遇	우연히 만나다	encontrarpor coincidência
残る	to remain/stay	留, 留下	남다	permanecer, ficar

スキット④

ご本人	himself/herself, in person	本人 (不能用于自己)	본인	a própria pessoa
予定日	an expected day (of delivery date, in this case)	预产期	예정일	o dia marcado, previsto
そわそわする	to be anxious	坐立不安	안절부절못하다, 불안해하다	estar ancioso
寄る	to drop by	顺路到某处	들르다	passar em algum lugar, visitar antes
昼過ぎ	a little after noon	过午	정오가 조금 지난 뒤, 오후	depois do almoço
お祝いをする	to celebrate, to give a celebration gift	祝贺, 庆祝	축하 (행사를) 하다, 축하 선물을 하다	festejar
課	a section	科	과 (교과서 등의 한 단원)	seção

第4課　機械のトラブル　Problems with electrical devices and appliances ／机器故障／기계의 문제／ Problemas mecânicos

スキット①

紙が詰まる	paper gets jammed	夹纸	종이가 막히다	a papel emperrou (enrroscou)
事務所	an office	事务所	사무소	escritório
苦手	poor at (something)	不擅长, 不善于	서투르다	não ter aptidão, não gostar
得意	good at (something)	擅长, 拿手	숙달되어있다, 자신이 있다	ser bom, ter aptidão

スキット②

実家	one's parents' place (usually referred to by their married child)	娘家, 婆家, 父母的家	친정	casa dos pais, casa onde nasceu e/ou cresceu
しょうがない	cannot be helped	没法子	어쩔 수 없다	não tem jeito
説明書	an instruction book/manual	说明书	설명서	manual de instrução

表裏反対	inside out, backwards, upside down (in this case)	正反两面弄反了	표리 (앞뒤) 를 반대로	de trás para frente, inverso

スキット③

売り上げ	sales	销售额	매상 , 매출	venda
ゴミ箱	a trash can, a recycle bin (in terms of a computer)	垃圾箱	쓰레기통	lata de lixo
消す	to delete	消掉	지우다	apagar, deletar
人事	(the department of) human resources	人事	인사 (부)	(departamento de) recursos humanos
時間をとる	to take up one's time	占用时间	시간을 빼앗다	tomar o tempo, atrapalhar

スキット④

ゼミ	a seminar	研究班	세미나	seminário
発表	presentation	发表	발표	apresentação
ハンドアウト	a handout	材料 , 资料	배포자료 , 핸드아웃	material escrito
エクセル	Microsoft Excel	Microsoft Excel	엑셀	Microsoft Excel
グラフ	a graph	图表 , 曲线图	도식 , 도표 , 그래프	gráfico
ワード	Microsoft Word	Microsoft Word	워드 (워드 프로세서)	Microsoft Word
バイト	a part-time job	打工	아르바이트	serviço de bico, temporário
助かる	helpful	帮了大忙 , 得救	도움이 되다	ser salvo, ajuda

第5課 失敗　Messing up ／失败／실수／Cometer erros

スキット①

企画	a project	企划 , 规划	나쁜 결과에 대해 걱정하고 있는 것을 털어놓다	projeto, proposta
資料	materials, documents	资料 , 材料	자료	material
クライアント（さん）	a client	顾客 , 顾主	의뢰인	cliente
最悪	the worst, terrible	最糟糕	최악	um horror, pior das hipóteses
だいぶ（ん）	quite, very	很 , 相当	상당히 , 꽤 , 어지간히 , 많이	muito
残業する	to do/work overtime	加班	잔업하다	fazer hora extra

スキット②

物理	Physics	物理	물리	(matéria de) física
出かける	to go out	出门 , 出去	나가다 , 나서다	sair
前の日	the day before	前一天	전날	um dia antes
盛り上がる	feelings over an event run high, having a good time.	气氛热烈	분위기가 고조되다	empolgado, animado
追試	a supplementary examination, a makeup test	参加补考	추가시험	teste suplementar
自業自得	to be one's own fault	自作自受 , 自食其果	자업자득	de sua própria responsabilidade, entrar no buraco que cavou...

スキット③

迷惑をかける	to cause someone trouble	添麻烦	폐를 끼치다	incomodar
止めっぱなしにする	to leave a vehicle parked for a long time	一直停在某处	주차한 채 오랫동안 그대로 놓아두다	deixar largado estacionado
邪魔になる	to be in one's way	妨碍通行	방해가 되다	atrapalhar
気になる	to mind	担心	신경 쓰이다	sentir remorso, preocupação
よく言っておく	to give someone a scolding reminder, to warn someone to be careful	好好说给他 (她) 听	자주 말해놓다 , 언급하다	falar para tomar mais cuidado

スキット④

まずいこと	something bad/terrible	糟糕的事	난처한 / 거북한 일	coisa ruim
傷がつく	A scratch is made.	弄不好了 , 受伤	흠집이 나다	riscar
音が飛ぶ	The music skips.	跳音	소리가 튀다	o som pula, não se reproduz
やっぱり	as expected	仍然 , 还是	역시	então é isso mesmo?...
やっぱり？	Do you also think so? (I thought so.).	果然是这样啊	역시 그렇지 ?	é mesmo!?
ネット	the internet	互联网 , 因特网	인터넷	internet

第6課　電話をかける　　Making a phone call ／打电话／전화를 걸다／Telefonar

スキット①

総務	(the department of) general affairs	总务	총무	departamento geral
戻る	to return	返回	돌아오다	voltar, retornar
予算	budget	预算	예산	verba

スキット②

宅配	home delivery service	送（货），投寄	택배	entrega domiciliar
席を外す	(someone) is not here right now (lit. someone is not at his/her desk)	现在不在（办公室）	자리를 비우다	estar ausente por alguns instantes
のちほど	later	回头，过一会儿	나중에，뒤에	daqui a pouco
かけ直す	to call back	重打电话	다시 전화를 걸다	ligar novamente
伝言	a message	传话，留言，转达	메세지	recado
見積もり	an estimate	估计	견적	orçamento

スキット③

| 研究室 | a professor's office | 研究室 | 연구실 | laboratório (do professor) |
| うちの者 | a family member | 家里人，家属 | 식구 | membro da família |

スキット④

購入	a purchase	购买	구입	compra, aquisição
打ち合わせ	a meeting (prior to an event)	碰头	미리 상의하다 (또는 그 상의 / 협의를 위한 모임)	reunião
約束する	to make an appointment	约，约定	약속하다	marcar compromisso
急用が入る	something unexpected/urgent that has to be taken care of happens	突然有急事	급한 용무가 생기다	compromisso de emergência

第7課　健康のために　　For one's health ／为了健康／건강을 위해서／Para ser saudável

スキット①

酔う	to get drunk	醉，喝醉	취하다	se embebedar, ficar bêbado
年	one's age	岁数，年级	나이	idade
（もう）年だ	getting old	上年纪了	벌써 늙었다	estar sentindo a idade, sentir-se velho
苦手	to dislike	最怕，不善于	다루기 벅찬，대하기 싫은	não gostar, detestar
おつまみ	something to eat which goes with alcohol beverages (eg. nuts, cheese, etc.)	小吃，下酒的小菜	마른 안주	petisco
乳製品	a dairy product	乳制品	유제품	derivados do leite
とる	to take/consume	摄取，吃	섭취하다	ingerir absorver
乾杯	(making) a toast	干杯	건배	saudação antes de beber
一口	one bite, a mouthful of	一口	한입	uma mordida, um pedacinho

スキット②

プール	a swimming pool	游泳池	수영장	piscina
1日おき	every other day	隔一天	하루 걸러，이틀 간격으로	intercalado, dia sim dia não
息切れする	to become out of breath	气喘	숨이 차다	falta de fôlego
めんど（う）くさい	troublesome	非常麻烦	귀찮다	muito trabalhoso

スキット③

健康的	healthy	健康，对健康有益	건강에 좋은	saudável
疲れにくい	not easily tired	不易疲劳	쉽게 지치지 않는	difícil de cansar, ter resistência
肌	one's skin	皮肤	피부	pele
調子	a condition	状况	상태，컨디션	condição
パンフレット	a pamphlet	小册子	소책자，팸플릿	panfleto

スキット④

具合	a physical condition	（身体）状况	몸 상태	estado físico
血圧	blood pressure	血压	혈압	pressão arterial
完全に	completely	完全	완전히	completamente

精一杯	best one can do	尽最大努力	있는 힘껏	no máximo, esforçadamente
禁煙	quitting smoking	禁烟	금연	o proibido fumar
クリニック	a clinic	诊所，医院	진료소, 클리닉	clínica
紹介状	a referral letter	介绍信	소개장	carta de apresentação

第8課　駅で　At a train station ／在车站／ (기차) 역에서／ Na estação de trem

スキット①

ひかり	Hikari, a name of a bullet train	新干线光号	히카리 (초고속 열차의 이름)	nome do trem bala HIKARI
ブランド品	a name brand product	名牌	명품	coisas de marca, grife famosa
文庫本	a paperback	袖珍本	문고본	livro
手帳	a day planner, a small notebook	笔记本	수첩	agenda
問い合わせる	to inquire	询问	문의하다	consultar, verificar
連絡先	one's contact number	联系地点	연락처	telefone, endereço, etc. para contato

スキット②

(席が)空いている	(a seat) is available	(座位) 空着	좌석이 비어있다	(o lugar) esta disponível, vago
快速	a limited express train	快车	쾌속 열차	expresso
各停(＝ 各駅停車)	a local train (which stops at every station)	各站停车的列车	각 역마다 정차하는 완행열차	parada em todas as estações
普通電車	a local train (which stops at every station)	慢车	보통열차	trem comum
向かい	the other side	对面	반대편	no outro lado, em frente

スキット③

指定	reserved	指定	지정	reserva
日付	a date	日期	날짜	data
変更	a change	变更，改变	변경	mudança
可能	possible	可以，可能	가능	possibilidade
2枚とも	both of them	两张都～	두장 다	os dois
時刻	time	时间，时刻	시각	horário

スキット④

朝が弱い	not a morning person	早上起不来	아침잠이 많은	tem dificuldade em acordar cedo
寝過ごす	to oversleep	睡过头，睡过时间	늦잠자다	dormir demais, passar da hora por ter dormido
追いかける	to catch up	追赶	쫓아가다	correr atrás, recuperar o atraso

第9課　趣味　Hobbies ／爱好／ 취미 ／ Passatempo

スキット①

予定が入る	something happens, something is planned	有安排，有计划	예정이 생기다	marcar compromisso
予定が入っている	(someone) has a plan	已有安排，已有计划	예정이 있다	ter compromisso marcado
今のところ	as of now	现在，目前	지금으로서는	agora, neste instante
ヒラメ	a flatfish	比目鱼	넙치，광어	linguado
営業	(the department of) sales	营业	영업	departemento de vendas
大学時代	when one was at university/ university days	大学时代	대학시절	época da universaidade

スキット②

サークル	a club	兴趣小组	서클	clube
まじめに	seriously	认真	진지하게	seriamente
恋人	a boyfriend/girlfriend	恋人，情人	연인	namorado/namorada
気に入る	to like/to take an interest in	喜欢，称心	마음에 들다	gostar, se indentificar com...
見学	observation, checking out	参观	견학	visita para observar

スキット③

| お出かけ | going out | 出门，出去 | 외출 | sair para um compromisso |
| 着付け | ways to put on kimono | 穿和服的技巧 | 기모노 입는 방법 | aula para vestir kimono |

将来	in the future	将来	장래	futuro
教室	a class	教室，学习班	교실	sala (classe) de aula
ただの(趣味)	just (a hobby)	只不过是（爱好）	단지（취미일뿐）	apenas um passatempo
もったいない	a waste	可惜	아깝다	desperdicio

スキット④

バンドに入る	to join a band	参加乐队	밴드에 들다	entrar para uma banda
パート	a part/band section	乐曲的一部，声部	파트，역할	parte (instrumental)
ベースギター	a base guitar	低音电子吉他	베이스기타	contra baixo
ボーカル	a singer	声乐	보컬	vocal
気がする	to feel like	好像觉得，仿佛	그런 느낌이 들다	eu acho..., eu acredito que...

第10課　抱負　　Ambitions ／抱负／포부／Ambição

スキット①

合格する	to pass (a test)	及格，合格	합격하다	ser aprovado, passar (no teste)
患者	a patient	患者	환자	paciente
信頼する	to trust	信赖	신뢰하다	confiar
スタートライン	a starting line	起跑线	스타트라인	ponto de partida
現場に出る	to experience first hand/to have hands on experience	到现场	현장에 나가다	ir para o trabalho direto, somar experiência profissional, pegar duro no trabalho

スキット②

転職	changing a job	改行，跳槽	전직	trocar de trabalho
本気で	seriously	真的	진심으로	seriamente
翻訳家	a translator	翻译家	번역가	tradutor
通信教育	a correspondence course	函授教育	통신 교실	educação por correspondencia
実際は	indeed, in fact	事实上，实际上	실제로는	na realidade
夢がある	to have a dream/an ambition	有理想	꿈이 있다	ter um sonho
食べていける	to make ends meet	能维持生计	가능하다	conseguir sobreviver

スキット③

できる〜	capable, talented	有能力的，有才能的	할 수 있는 것	ser competente, capaz
営業マン	a person (usually, a man) in the sales department	营业职员（负责营业的职员）	영업부 직원	vendedor, representante comercial
成績を上げる	to make an improvement	提高成绩	성적을 올리다	obter resultado
印象	an impression	印象	인상	impressão
取引先	a client	客户	거래처	empresa cliente
目標	a goal	目标	목표	meta
(〜に)向いている	suitable/fit for 〜	适合〜	적합하다，맞다，어울리다	ter aptidão, o jeito para a coisa

スキット④

めずらしい	unusual	稀奇，罕见	드물다	o que não é frequente
国連	the United Nations	联合国	국제연합	Nações Unidas
自信	confidence	自信，信心	자신	convicção, ter fé em si mesmo
1ヶ国語	one language	一国语言	1 개국어	uma linguagem
交換留学	an exchange program	交换留学	교환유학	intercâmbio de bolsistas
応募する	to apply	报名，应募	응모하다	se inscrever
本気	serious	真的，当真	진정 (진지) 한 마음	seriamente
三日坊主	will not last long (lit. a three-day only monk)	三天打鱼，两天晒网	작심삼일	o que não dura muito, desiste em três dias

第1課 出会い
で あ

◆ ウォーミングアップ

【1】

① a ② b ③ b ④ a ⑤ a ⑥ b

【2】

① いらっしゃった　② 勤めています
　　　　　　　　　　　つと
③ 先輩　　　　　　④ まいりました
　せんぱい
⑤ どちら　　　　　⑥ お世話になっている
　　　　　　　　　　　せ わ

◆ 聞き取り練習
き と れんしゅう

【1】

	どこで
①	d
②	b
③	a
④	c

【2】

	同じこと
①	経済学部の1年生だということ
②	タンゴが好きだということ
③	ビジネスマナーを教えているということ
④	歌が上手だということ

【3】

① b,　d

② b,　c

③ b,　d

④ a,　d

【4】ディクテーション

① 取ったほうがいいよ
　と
② 買ってきてるから
　か
③ うかがったんで

④ 言ってるんじゃない
　い
⑤ 行ったりするんですか
　い

◆ ポイントリスニング

①	②	③	④	⑤	⑥
a	b	b	a	b	b

◆ 重要表現
じゅうようひょうげん
1)名のる
　な
　[練習] 解答例は、スクリプトの ◎1-8
　れんしゅう　かいとうれい
3)相手について知っていることを述べる
　あいて　　　し　　　　　　　　　の
　[練習] 解答例は、スクリプトの ◎1-9

◆ もういっぱい!?

【1】

① 初めて　② お勤め　③ きっかけ
　はじ　　　　つと
④ 受けた　⑤ お住まい
　う　　　　　す

【2】

①, ③, ④

第2課　ホテルで

◆ **ウォーミングアップ**

【1】

① b, e, g　② a, d, f, h　③ c, i

【2】

① b　② a　③ a　④ a　⑤ b

◆ **聞き取り練習**
き　と　れんしゅう

【1】

	(1) 誰と誰が だれ	(2) 何について なん
①	ア	d
②	ウ	a
③	ア	c
④	イ	b

【2】

	どんな情報 じょうほう	確か・不確か たし　ふ　たし
①	できる	確か
②	ある	不確か
③	ある	確か
④	使える つか	不確か

【3】

① a, c

② b, c

③ b, e

④ b, c

【4】ディクテーション

① 空いてますでしょうか
あ

② お聞きしてもよろしいでしょうか
き

③ できるところってありますか

④ なってきちゃったみたいでさ

⑤ 貸してくれる
か

◆ **ポイントリスニング**

①	②	③	④	⑤	⑥
a	b	a	b	b	b

◆ **重要表現**
じゅうようひょうげん

1)これから質問をするときの前置き
しつもん　　　　　　　　　まえ お
　[練習]解答例は、スクリプトの ◎1-16
　れんしゅう　かいとうれい

2)あるかどうか／できるかどうか、たずねる
　[練習]解答例は、スクリプトの ◎1-17

◆ **もういっぱい!?**

【1】

① c　② d　③ b　④ a

【2】

① c　② a/e　③ b　④ e　⑤ d

解

答

第3課　うわさ

◆ ウォーミングアップ

【1】

① すごい　　② かわいそう

③ まずい　　④ よかった

【2】

① 引っ越す　② 亡くなって

③ やめた　　④ 別れた　　　⑤生まれた

◆ 聞き取り練習

【1】

	(1) 誰と誰が	(2) 何について
①	ウ	c
②	ウ	a
③	ア	d
④	イ	b

【2】

	知っていたか	誰から聞いたか
①	知らなかった	———
②	知っていた	主任
③	知っていた	松下さんの奥さん
④	知らなかった	———

【3】

① a, d

② b, d

③ b, d

④ a, c

【4】ディクテーション

① だったっけ

② だって聞きましたけど

③ 続けたいとかで

④ お伝えくださいって

⑤ しないとね

◆ ポイントリスニング

①	②	③	④	⑤	⑥
a	b	b	a	b	a

◆ 重要表現

1) 聞いた話を切り出す

　[練習] 解答例は、スクリプトの ◉1-24

2) 相手からの情報に反応する

　[練習] 解答例は、スクリプトの ◉1-25

◆ もういっぱい !?

【1】

① b　② d　③ a　④ c

【2】

① 喜んでいましたよ

② 信じられません

③ 困るね

④ 困った

⑤ よかった

⑥ 悲しくて

第4課　機械のトラブル

き かい

◆ ウォーミングアップ

【1】

① できる　② 上手だ　③ できる　④ 弱い
　　　　　じょうず　　　　　　よわ

【2】

① 調子　② おかしい　③ 説明書
　ちょうし　　　　　　　　せつめいしょ
④ 壊れている　　　　　⑤ 動かしたい
　こわ　　　　　　　　　うご

◆ 聞き取り練習
　き と れんしゅう

【1】

	(1) 誰と誰が	(2) 何について
①	ア	d
②	ウ	b
③	ア	c
④	イ	a

【2】

	トラブルの内容	誰が
①	コピー機に紙が詰まっている	話をしている女の人
②	ファックスから白い紙が出てくる	夫
③	ファイルをごみ箱に入れて、消してしまった	伊藤さん
④	ワードにグラフを入れられない	話をしている人

【3】

① a, c, f

② b, c

③ b, d

④ b, d

【4】ディクテーション

① でよければ，見てみましょうか

② できるかどうか

③ 消しちゃったんですよ

④ とってしまって

⑤ やってみようか

◆ ポイントリスニング

①	②	③	④	⑤	⑥
b	a	b	a	b	a

◆ 重要表現
　じゅうようひょうげん
1) 能力について述べる
　のうりょく　　の
　［練習］解答例は、スクリプトの 🎧1-32
2) 申し出る
　もう で
　［練習］解答例は、スクリプトの 🎧1-33

◆ もういっぱい!?

【1】

① a, c, d, f　② b, h　③ e, g

【2】

① a　② d　③ b　④ c

解

答

第5課 失敗
しっぱい

◆ ウォーミングアップ

【1】

① 間違って
まちが
② 受かった
う

③ いった
④ かけて

⑤ 思い出せなくて
おも だ

【2】

① あれ
② 出して, 今度
だ　　こんど

③ 誰でも
だれ
④ そんなに
⑤ たいした

◆ 聞き取り練習
き と れんしゅう

【1】

	(1) 誰と誰が だれ だれ	(2) 何について なん
①	ウ	d
②	エ	a
③	イ	c
④	ア	b

【2】

	心配していること しんぱい
①	企画がだめになるかもしれないこと きかく
②	追試になるかもしれないこと ついし
③	みんなが怒っているかもしれないこと おこ
④	借りたCDと同じCDが見つからないかも かり おな み しれないこと

【3】

① a, d

② b, d

③ b, c

④ b, d

【4】ディクテーション

① しちゃったんだろう

② わけじゃないんですけど

③ 帰ればよかったなあ
かえ

④ 大丈夫じゃないですか
だいじょうぶ

⑤ 好きだったっけ
す

◆ ポイントリスニング

①	②	③	④	⑤	⑥
a	a	b	a	b	b

◆ 重要表現
じゅうようひょうげん

1) 自分の失敗をほかの人に伝える
じ ぶん しっぱい ひと つた
[練習] 解答例は、スクリプトの ◉1-40
れんしゅう かいとうれい

2) 悪い結果を心配していることを伝える
わる けっか しんぱい つた
[練習] 解答例は、スクリプトの ◉1-41

◆ もういっぱい!?

【1】

① a/d ② e ③ b ④ a/d ⑤ c

【2】

① 出しっぱなしにした, 飲みかけ
だ の

② ついた, うっかりしてました,

　言ったばかり
い

第6課　電話をかける
でんわ

◆ ウォーミングアップ

【1】

① 私
わたし
② 話し中
はな　ちゅう
③ 夜分
やぶん
④ 席，かけ直します
せき　　なお

【2】

① b　② e　③ c　④ d　⑤ a

◆ 聞き取り練習
き　と　れんしゅう

【1】

	(1) 誰から だれ	(2) 何について なん
①	エ	b
②	ウ	c
③	ア	d
④	イ	a

【2】

	話せた・話せなかった はな	かけ直す・かけてもらう なお
①	話せなかった	かけ直す
②	話せなかった	かけ直す
③	話せなかった	かけてもらう
④	話せた	———

【3】

① a, d

② a, d

③ b, d

④ b, c

【4】ディクテーション

① なんですよ

② のことで，と伝えていただけますか
つた

③ のちほどかけ直します
なお

④ ように伝えていただけませんか

⑤ の件なんですが
けん

◆ ポイントリスニング

①	②	③	④	⑤	⑥
a	b	b	b	a	b

◆ 重要表現
じゅうようひょうげん

1）用件を伝える
ようけん　つた
　［練習］解答例は、スクリプトの　◎2-8
　れんしゅう　かいとうれい

2）伝言をする
でんごん
　［練習］解答例は、スクリプトの　◎2-9

◆ もういっぱい !?

【1】

① b　② a　③ b　④ a

【2】

① a, c

② a, c, e

第7課　健康のために
けんこう

◆ ウォーミングアップ

【1】

① よくする　　② する　　　③ なる

④ 止めて　　　⑤ ストレス　　⑥ 様子
　　と　　　　　　　　　　　　　　　よう　す

【2】

① a　② b　③ b　④ b　⑤ a

◆ 聞き取り練習
き　と　れんしゅう

【1】

	(1) 誰と誰が だれ	(2) 何について なん
①	ウ	b
②	エ	c
③	ア	a
④	イ	d

【2】

	何を なに	する・しない・わからない
①	牛乳を飲む ぎゅうにゅう　の	しない
	チーズを食べる た	する
②	水泳をする すいえい	しない
③	ビタミン剤を飲む ざい　　の	わからない
④	禁煙する きんえん	する

【3】

① a, c

② b, d

③ b, c

④ a, c

【4】ディクテーション

① やめとくよ

② 食べるとかでもいいんですけど
　た

③ やればいいのに

④ なさってるんですって

⑤ 意味ないんですけどね
　い　み

◆ ポイントリスニング

①	②	③	④	⑤	⑥
a	b	a	a	b	a

◆ 重要表現
じゅうようひょうげん

1)相手にいいと思うことを教える
　あい　て　　　　　おも　　　　　　　　おし

　［練習］解答例は、スクリプトの ◎2-16
　れんしゅう　かいとうれい

2)自分の体の状態の変化について話す
　じ　ぶん　からだ　じょうたい　へん　か　　　　　　はな

　［練習］解答例は、スクリプトの ◎2-17

◆ もういっぱい !?

【1】

① ちゃんと　　② ひどくて　　③ 精一杯
　　　　　　　　　　　　　　　　　　せいいっぱい

④ ゆっくり　　⑤ ごろごろ

【2】

① d　② a　③ e　④ b　⑤ c

第8課　駅で
えき

◆ ウォーミングアップ

【1】

① 急ぐ　② 乗る　③ 座る　④ 並ぶ
　いそ　　　の　　　　すわ　　　なら

【2】

① a/e　② a　③ b　④ d　⑤ c

◆ 聞き取り練習
き　と　れんしゅう

【1】

	(1) 誰と誰が だれ	(2) 何について なん
①	ウ	d
②	イ	b
③	ウ	c
④	エ	a

【2】

①	まだ見つかっていない み
②	正しくない，乗り換える ただ　　　の　か
③	できた
④	遅れて来る おく　く

【3】

① a, e

② b, c

③ b, d

④ a, d, f

【4】ディクテーション

① 忘れちゃったみたいなんです
わす

② 乗らないと
の

③ 間違えちゃったようなんです
まちが

④ そのままで結構です
けっこう

⑤ 行っててくださいって
い

◆ ポイントリスニング

①	②	③	④	⑤	⑥
b	a	a	b	a	a

◆ 重要表現
じゅうようひょうげん

1) 情報が確かかどうかたずねる
じょうほう　たし
　［練習］解答例は、スクリプトの ●2-24
　れんしゅう　かいとうれい

2) 確信はないが可能性があると言う
かくしん　　　　かのうせい　　い
　［練習］解答例は、スクリプトの ●2-25

3) 自分の責任を回避するためにやわらげて言う
じぶん　せきにん　かいひ　　　　　　い
　［練習］解答例は、スクリプトの ●2-26

◆ もういっぱい !?

【1】

① c　② e　③ a　④ b　⑤ f　⑥ d

【2】

① だったよね，かも

② みたいなんですが，よろしいですか

③ だったと思いますが
おも

解
答

第9課　趣味
しゅみ

◆ ウォーミングアップ

【1】

① d　② c　③ b　④ a

【2】

① しています　　② ひけます

③ 勉強している　　④ 通っています
　　べんきょう　　　　　　かよ

⑤ があります

◆ 聞き取り練習
　　き　と　れんしゅう

【1】

	(1) 誰と誰が だれ　だれ	(2) 何について なん
①	ウ	d
②	ア	c
③	イ	a
④	ア	b

【2】

	どんな誘い さそ	興味 きょうみ
①	ヒラメ釣りに行く 　　　つ　　い	○
②	自分たちのサークルに入る じ ぶん　　　　　　　　はい	○
③	着付け教室に入る き つ きょうしつ はい	×
④	バンドのボーカルをする	×

【3】

① b, c

② b, d

③ a, d

④ a, d

【4】ディクテーション

① 行こうって言ってるんだけど
　い　　　　い

② そりゃそうだよ

③ いかがですか

④ ってなんだか難しそうで
　　　　　　むずか

⑤ そんなこと言わないで

◆ ポイントリスニング

①	②	③	④	⑤	⑥
b	b	a	a	a	b

◆ 重要表現
　　じゅうようひょうげん

1) 誘う
　さそ
　　［練習］解答例は、スクリプトの ◉2-33
　　　れんしゅう　かいとうれい

2) 誘いに興味を示す
　さそ　　きょうみ　しめ
　　［練習］解答例は、スクリプトの ◉2-34

3) 誘いにあまり興味がないことを示す
　さそ　　　　きょうみ　　　　　　しめ
　　［練習］解答例は、スクリプトの ◉2-35

◆ もういっぱい !?

【1】

① 楽しんできてね
　たの

② 楽しみにしてるんです，わくわく
　たの

③ 誘って
　さそ

④ 喜んで
　よろこ

【2】

① b　② b/d　③ a　④ c

第10課　抱負
ほう ふ

◆ ウォーミングアップ

【1】

① 将来　② 夢　③ いつか　④ 夢　⑤ 希望
　しょうらい　　ゆめ　　　　　　　ゆめ　　　きぼう

【2】

① 続ける　　　　② 働きたい　　　③ こそ
　つづ　　　　　　　はたら

④ 後　　　　　⑤ これから
　ご

◆ 聞き取り練習
　き　と　れんしゅう

【1】

	(1) 誰と誰が だれ だれ	(2) 何について なん
①	イ	b
②	ア	c
③	ウ	d
④	ア	a

【2】

	何になりたい・何をしたい なん なに	もう始めた・これからする はじ
①	信頼される医者 しんらい いしゃ	これからする
②	翻訳家 ほんやくか	もう始めた
③	できる営業マン えいぎょう	これからする
④	国連で働きたい こくれん はたら	もう始めた

【3】

① a, d

② b, c

③ a, c

④ a, d

【4】ディクテーション

① 過ぎちゃったし，見つけるのって
　す　　　　　　み

② 得意だもんね
　とくい

③ かもしれないけど，いけたらって思って
　　　　　　　　　　　　　　　　　おも

④ お聞きしたいことがあるんですけど
　き

⑤ できなきゃだめだろ

◆ ポイントリスニング

①	②	③	④	⑤	⑥
a	a	b	a	b	b

◆ 重要表現
　じゅうようひょうげん

1) 抱負を述べる
　ほうふ　の
　［練習］解答例は、スクリプトの ⚫2-42
　れんしゅう　かいとうれい

2) はげます／応援する
　　　　　　おうえん
　［練習］解答例は、スクリプトの ⚫2-43

◆ もういっぱい !?

【1】

① 受かって
　う

② 上達させて
　じょうたつ

③ 取る
　と

④ かなう

⑤ 始める
　はじ

【2】

① c　② d　③ b　④ a

聞いて覚える話し方

日本語生中継

● 初中級編２ ●

ボイクマン総子 ● 宮谷 敦美 ● 小室リー郁子

目 次
もく じ

このテキストをお使いになる学習者のみなさんへ

　『日本語生中継』は、タイトルが示しているとおり、身近な場面で話されている日本語の会話をそのまま再現しました。

　初級の文法を勉強したのにその使い方がよくわからない、語彙が足りなくて話せない、自然な日本語を話したい、と思っている学習者のみなさんに、ぜひ、使っていただきたいと考えています。

　このテキストは、クラスで使うことも、一人で学習することもできます。CDと振り仮名がついたスクリプトがありますし、単語リストには、英語訳、中国語訳、韓国語訳、ポルトガル語訳がついています。ぜひ、チャレンジしてみてください。

ボイクマン総子
宮谷敦美
小室リー郁子

3

このテキストをお使いになる教師のみなさんへ

◇ このテキストの目的 ◇

　このテキストは、初級の文法項目を一通りすませた学習者を対象として、彼らが日常よく接する場面における会話の聞き取り能力を高めること、および、そういった場面で話をする能力がつくことを目的としています。

　このテキストは、例えば、「趣味」というトピックで「誘う、誘いに興味を示す、誘いにあまり興味がないことを示す」機能を学ぶというように、機能とトピックによるシラバスで構成されています。したがって、ある特定の文型の聞き取りやその文型の定着を目的としたものではありません。

　「聞いて話す」ことに重点をおいたこのテキストは、1）上下親疎など多様な人間関係と状況の会話を提示し、人間関係・状況・内容に注目させる設問を通して、場面に応じた表現の選択が意識できるようになること、2）機能別重要表現の提示とその使い方の練習によって場面に応じた表現が習得できること、3）トピックに関連するボキャブラリーが増えること、の3点を目指しています。

　『日本語生中継初中級編1』と『日本語生中継初中級編2』は、難易度に大差はありません。また、それぞれの課も難易度順に並べられているわけではありませんので、学習者の興味やニーズに応じて、どの課からでも学習を始めることができます。

　このテキストのタイトル「日本語生中継」のように、生き生きとした会話を聞くことで、語彙や表現のバリエーションの習得が可能になることを願っています。

◇ このテキストの特徴 ◇

1）トピックに関連する語彙の確認とボキャブラリー・ビルディング

　　　　　　　　　　　　　→「ウォーミングアップ」と「もういっぱい!?」

2）多様な人間関係と状況を設定したスキットを聞き取ることによって、人間関係や話の場、話す内容によって、用いられる表現が異なることを理解する　→「聞き取り練習」

3）重要表現、および、口語的な表現の正確な聞き取り　→「ディクテーション」

4）単文を聞き取り、表現意図が正しく理解できているかを確かめる練習　→「ポイントリスニング」

5）機能別の重要表現の提示と練習問題、ロールプレイを取り入れることにより、会話の中で「聞き、話す」会話能力の養成を目指す　→「重要表現」と「ロールプレイ」

◇ このテキストの対象となる学習者 ◇

　この教材は次のような初中級レベルの日本語学習者を対象にしています。

1）初級の文法項目を一通り学習し、ごく基本的な日常の出来事については日本語で用を足すことができるが、自ら進んで説明したり、自分の気持ちを表現したりすることが難しい学習者

2）基本的な文法項目は習得しているが、言いたいことを表すのに語彙が豊富ではない学習者

3）初級の文法項目の縮約形や、くだけた表現に慣れていない学習者

◇ 各課の構成 ◇

① ウォーミングアップ

　まず、課で取り上げられている場面で自分がどのように行動するかを考えます。次に、その課のトピックに関連する基本的な語彙や表現の問題を解き、練習を進めていく上で最低限必要な言葉の確認をします。

② 聞き取り練習

　聞き取り練習は、ダイアローグを聞くタスクです。聞き取り練習には、４つのスキットがあり、それぞれ、登場人物の人間関係、話されている場面(公的なものか、プライベートなものか、等)が異なっています。

　聞き取りタスクは次のような順序になっています。

　　問題１：場面や話している人たちの人間関係、話されているトピックを聞き取る

　　問題２：話の結論(大まかな内容)について聞き取る

　　問題３：細かい内容について聞き取る

　　問題４：重要表現の聞き取り、あるいは、縮約形など口語的な表現を正確に聞き取る

　　※　聞き取り練習には単語リストがあり、別冊に、その単語の各国語訳(英語、中国語、韓国語、ポルトガル語)がついています。

③ ポイントリスニング

　単文レベルの聞き取りタスクです。イントネーションの違いや表現の細かな違いによって、意味が異なってしまうものを中心に聞き取る練習を行います。

④ 機能別の重要表現

　ここでは、それぞれの課で取りあげた機能の重要表現と、その使い方の解説と練習が提示されています。重要表現は👕(Tシャツマーク)と👔(ネクタイマーク)のグループに分かれています。👕は、友人と喫茶店で話すなどカジュアルな場面で主に使う表現、👔は会社で上司と話すなど、フォーマルな場面で主に使う表現であることを示しています。

　ただし、友人であれば必ず👕の表現が使われるわけではなく、会議などのフォーマルな場面では、👕の表現は使いませんし、上司と話す場合でも、会社が終わってプライベートな場面では、それほどフォーマリティーの高い表現は要求されません。つまり、人間関係だけでなく、場面やトピックによってもどちらの表現を用いるのが適切かは異なるわけです。このテキストでは、大きく２つの場面に分け表現を提示していますが、教室では適宜、補足説明を加えていただけるようにお願いします。

⑤ もういっぱい!?

　課のトピックに関連する語彙を増やしたり、重要表現に出てきた表現が理解できているかを確認したりする問題です。「もういっぱい!?」は、時間や能力に余裕があれば行なってください。

⑥ ロールプレイ

　最後に、まとめとしてロールプレイをして話す練習を行います。カジュアルな場面とフォーマルな場面の2種類のタスクを提示しています。自分のクラスの学習者が実際に遭遇するような場面になるよう、適宜修正を加えて練習してください。

⑦ 別冊 ― スクリプト・単語表・解答 ―

　別冊解答には、ウォーミングアップ、聞き取り練習、ポイントリスニングの解答が載せてあります。問題によっては、答えがひとつではないものもありますので、目安としてお使いください。本書ではことばの正しさではなく、通じるか、自然であるかを重視して、問題と解答の作成を行いました。

　また、振り仮名つきのスクリプトと、単語の各国語訳(英語、中国語、韓国語、ポルトガル語)もあります。

◇ 授業での使い方のヒント ◇

① リスニングとスピーキング、両方の能力の養成のために用いる場合

　「各課の構成について」に書いてある順序でこのテキストを用いると、「聞いて話す」能力をバランスよくつけることができます。1課の学習時間の目安は、180分程度です。

② リスニングに重点をおいた場合

　「ウォーミングアップ」「聞き取り練習」「ポイントリスニング」を行うことをメインの作業とします。その後で、わからない表現がないか、「重要表現」を確認し、余裕があれば「もういっぱい!?」で語彙・表現を増やすという手順になります。1課の学習時間の目安は、120分程度です。

③ スピーキングに重点をおいた場合

　「聞き取り練習」「ポイントリスニング」は、事前課題にします。教室では、話の内容を語ってもらったり、同じような状況で会話をしてもらったりする練習ができます。そして、「聞き取り練習」に出てきた「重要表現」の確認、および、解説をし、場面に応じた表現の使い分けについて練習した後、その課の機能を用いて「ロールプレイ」を行います。「聞き取り練習」の問題4の「ディクテーション」は縮約形など口語的な表現を取り上げていますから、使えるようになるよう教室で練習するのもいいでしょう。これと平行して「ウォーミングアップ」と「もういっぱい!?」の語彙・表現の確認と応用も適宜行なってください。授業をより生き生きとさせるためにも、本書で設定しているロールプレイは、各学習者に合った身近な状況に修正してお使いになることをお勧めします。1課の学習時間の目安は、約120分です。

出会い
で　あ

ウォーミングアップ

> 最近新しく友達になった人がいますか。
> さいきんあたら　　　　　ともだち　　　　　ひと
> 知り合ったきっかけは何ですか。
> し　あ　　　　　　　　　　　　なん

Have you recently met someone? How did you meet him/her?

你最近有没有认识新朋友？你们是怎样认识的？

최근에 새로 사귄 친구가 있습니까?어떠한 계기로 만나게 되었습니까?

Fez algum novo amigo recentemente?Em qual oportunidade ocorreu esse encontro?

【1】 次の①～⑥は、(a) 初めて会ったときの表現ですか、それとも、
　　　つぎ　　　　　　　　　はじ　あ　　　　　　　ひょうげん
　　　(b) 久しぶりに会ったときの表現ですか。
　　　　　ひさ

① （　　） お会いできてうれしいです。

② （　　） お元気でしたか。
　　　　　　　　　げんき

③ （　　） お久しぶりですね。

④ （　　） 日本は初めてですか。
　　　　　　　にほん

⑤ （　　） こちらは長いんですか。
　　　　　　　　　　なが

⑥ （　　） 皆さんお変わりありませんか。
　　　　　　　みな　　　　か

Would you say ①～⑥ when you meet someone either (a) for the first time, or (b) after a long period of time?

下列①～⑥句是用于 (a) 初次见面，还是用于 (b) 久别重逢？

다음의 ①～⑥은, (a) 처음 만났을 때 쓰는 표현입니까? 아니면, (b) 오래간만에 만났을 때의 표현입니까?

As alternativas de ①～⑥ contém: (a)Expressão usada no primeiro encontro ou (b)Expressão usada para uma pessoa que não encontra a muito tempo.

【2】 適当な言葉を選んでください。
　　　てきとう　ことば　えら

① こちら、中国から　来ました　　　　　リーさんです。
　　　　　ちゅうごく　き
　　　　　　　　　　　　いらっしゃった

② 木村健です。名古屋自動車に　勤めています。
　　きむらけん　　なごやじどうしゃ　つと
　　　　　　　　　　　　　　　　　お勤めです。

③ こちら、同じ課の　年上　の松崎さんです。
　　　　　おな　か　としうえ　　まつざき
　　　　　　　　　　先輩
　　　　　　　　　　せんぱい

④ ドイツから　いらっしゃった　ミュラーです。
　　　　　　　まいりました

⑤ A：会社は　何　　　です か。
　　　かいしゃ　なん
　　　　　　　　どちら

　　B：ナカノというITの会社です。

⑥ こちら、いつも　お世話になっている　清水さんです。
　　　　　　　　　せわ　　　　　　　しみず
　　　　　　　　　　手伝いをもらっている
　　　　　　　　　　てつだ

聞き取り練習
きと れんしゅう

【1】 スキットを聞いて、どこで話しているか、下から選んでください。
き　　　　　　　　　　　　　　　　　　　　はな　　　　　　した　えら

	どこで
①	
②	
③	
④	

a. スピーチの後のパーティー
　　　　　　あと

b. ダンス教室
　　　　きょうしつ

c. 居酒屋
　　いざかや

d. 大学
　　だいがく

一度聞いてわからなかった人は、次の言葉を確認してから、
いちど き　　　　　　　　　　　　ひと　　　つぎ　ことば　かくにん
もう一度聞きましょう。（☞別冊に単語の訳があります。）
　　　いちどき　　　　　　　　べっさつ　たんご　やく

①	空いている あ	授業 じゅぎょう	経済 けいざい	特に とく	お弁当 べんとう
②	見学 けんがく	ダンス教室 きょうしつ	ベテラン	経験 けいけん	経験者 けいけんしゃ
	思い出す おも だ	タンゴ	参加する さんか		
③	興味深い きょうみぶか	名刺 めいし	交換する こうかん	株式会社 かぶしきがいしゃ	お目にかかる め
	ビジネスマナー		連絡する れんらく		
④	久しぶり ひさ	同期 どうき	とりあえず		

Please listen to the skits and figure out where they are talking.

请听短剧，并从下列选项中选择会话的地点。

스키트를 듣고, 어디에서 이 야기하고 있는지 아래에서 선택하십시오.

Ouça a conversação, escolha a alternativa e preencha no quadro abaixo o local onde esta sendo realizado a conversação.

If you do not know the answers by listening to the skits once, please listen to them one more time after checking the following words/phrases. (☞You will find the translation of the vocabulary in the attached booklet.)

听了一遍没听明白的人，请确认以下词语后再听一遍。（☞附册里有单词的中文翻译）

한번 듣고 이해하지 못한 사람은, 다음의 단어들을 확인 한 후에 다시 한번 들어봅시다. (☞별책에 단어들의 뜻이 나와있습니다.)

Se não entendeu ouvindo uma vez, verifique as seguintes palavras para ouvir novamente depois. (☞A tradução das palavras encontra-se na brochura separada)

【2】何が同じだということがわかりましたか。

	同じこと
①	
②	
③	
④	

What have you discovered is common between two people in each skit?

他们之间什么地方相同？

각 스키트에 등장하는 두 인물의 어떠한 것이 같습니까？

Percebeu qual o ponto em comum de cada conversação?

【3】もう一度 CD を聞いて、正しいものを選んでください。

① 二人が出席している授業は　a. 難しい　　　　そうだ。
　　　　　　　　　　　　　　b. おもしろい

　　授業のあと、二人は　c. 別々に　昼ご飯を食べる。
　　　　　　　　　　　　d. 一緒に

② 女の人二人は、同じ　a. ダンス教室に行っている。
　　　　　　　　　　　b. マンションに住んでいる。

　　中田さんはダンスの経験が　c. ある。
　　　　　　　　　　　　　　　d. ない。

③ 林さんは、西田先生の　a. 本を読んで　　　　勉強になったと言った。
　　　　　　　　　　　　b. スピーチを聞いて

　　林さんは会社でビジネスマナーを　c. 勉強している。
　　　　　　　　　　　　　　　　　　d. 教えている。

④ 女の人はカラオケに行ったことが　a. ある。
　　　　　　　　　　　　　　　　　b. ない。

　　3人は、c. 今日　一緒にカラオケに行く予定だ。
　　　　　　d. 今度

Please listen to the CD again before you choose the correct word/phrase.

请再听一遍 CD, 并根据 CD 的内容进行选择.

다시 한번 CD를 들은 후에 옳은 문구를 선택하십시오.

Ouça o CD novamente e escolha a alternativa correta.

【4】 CD を聞いて、＿＿＿＿に書いてください。 ┃ディクテーション┃🎧1-6

Please listen to the CD and complete the sentences below.

请听 CD, 并完成下列句子.

CD 를 듣고 , ＿＿＿＿ 에 쓰십시오 .

Escute o CD e complete as sentenças abaixo.

① なんか先輩がおもしろいから＿＿＿＿＿＿＿＿＿＿＿＿＿＿＿＿＿＿

って言ってたんで。

② 私もパン＿＿＿＿＿＿＿＿＿＿＿＿＿＿＿＿＿＿＿＿＿＿。

③ ダンスがお好きだと＿＿＿＿＿＿＿＿＿＿＿＿＿＿＿、今日は見学に

お誘いしたんです。

④ えーっ、なんか変なこと＿＿＿＿＿＿＿＿＿＿＿＿＿＿＿？

⑤ カラオケにも＿＿＿＿＿＿＿＿＿＿＿＿＿＿＿＿＿＿。

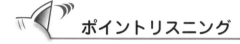

ポイントリスニング

┃ポイントリスニング┃🎧1-7

(a) 初めて会ったときの会話ですか、それとも、(b) 最後に別れるときの会話ですか。

Is this either (a) the first time or (b) the last time for the people in each conversation to meet each other

下列会话是用于 (a) 初次见面时 , 还是用于 (b) 分别时 ?

(a) 처음 만났을 때의 대화입니까 ? 아니면 , (b) 헤어질 때의 대화입니까 ?

Separe em: (a)Esta conversação são de pessoas que se conheceram agora. (b)Esta conversação são de pessoas que estão se despedindo agora.

①	②	③	④	⑤	⑥

1 名のる
な

Self-introduction
自报姓名
자기소개
Auto apresentação

例

山下恵子です。　　　　　　　　　（スキット1　教室で隣に座った人に）
やましたけいこ　　　　　　　　　　　　　　　きょうしつ　となり　すわ　ひと

私、橋本みどりって言います。　　　（スキット1　教室で隣に座った人に）
わたし　はしもと　　　　　　い　　　　　　　　　きょうしつ　となり　すわ　ひと

私、株式会社エストの林と申します。
わたくし　かぶしきがいしゃ　　　　　はやし　もう

　　　　　　　　　　　　　　　　　（スキット3　パーティー会場で講師に）
　　　　　　　　　　　　　　　　　　　　　　　　かいじょう　こうし

アンジェラです。よろしく。

総務のリーって言います。
そうむ　　　　　い

大阪出版株式会社のイ・キョンヒと申します。
おおさかしゅっぱんかぶしきがいしゃ　　　　　　もう

インドネシアからまいりましたサフニと申します。
　　　　　　　　　　　　　　　　　　　もう

今日からこちらでお世話になりますコトラーです。
きょう　　　　　　　せわ

　　　　　　　　　　　　よろしくお願いいたします。
　　　　　　　　　　　　　　　　　ねが

隣に引っ越してきました
となり　ひ　こ

ただいまご紹介いただきました
　　　　しょうかい

○○銀行に勤務しております
　　ぎんこう　きんむ

○○支店から転勤になりました
　　してん　　てんきん

練習 次の場面で自己紹介をしてください。
れんしゅう　つぎ　ばめん　じこしょうかい

練習 🔴1-8

Please introduce yourself
in the following situations.

请在下列场合做一下自我
介绍。

다음의 상황에서 자기소개를
하십시오 .

Faça sua auto apresentação
nas seguintes circunstâncias.

① 〈初めての授業で、クラスメート全員に〉名前と出身
　　はじ　　　じゅぎょう　　　　　　　　ぜんいん　　なまえ　しゅっしん

② 〈アパートに引っ越して、隣の人に〉名前と部屋の番号
　　　　　　　ひ　こ　　　となり　ひと　なまえ　へや　ばんごう

③ 〈新しいアルバイト先で、みんなに〉名前と働く曜日
　　あたら　　　　　　さき　　　　　　　　なまえ　はたら　ようび

④ 〈転勤先で、同僚に〉名前と前に働いていた場所
　　てんきんさき　どうりょう　なまえ　まえ　はたら　　　　ばしょ

2 人を紹介する
ひと しょうかい

Introducing someone to someone else

将某人介绍给某人

남을 소개하다

Apresentando alguém.

例

私と同じマンションの中田美紀さん。（スキット2 ダンス教室の友人に）
わたし おな なかた みき きょうしつ ゆうじん

こちらが、吉野さん。このダンス教室で一番のベテランなんですよ。
よしの いちばん

（スキット2 近所の人に）
きんじょ ひと

こないだ話した福田さん。 （スキット4 友人に）
はな ふくだ ゆうじん

こちら、ABC電気のパクさん。
でんき

ご紹介いたします。こちら、渡辺さんです。
しょうかい わたなべ

同じサークルの三木さんです。
おな みき

サークルでご一緒させていただいている武田さんです。
いっしょ たけだ

私と同じ課で働いている森口さんです。
わたし おな か はたら もりぐち

> いつもお世話になっている
> せわ
> 同じクラスで勉強している
> おな べんきょう
> 前に同じ会社で働いていた
> まえ おな かいしゃ

3 相手について知っていることを述べる
あいて し の

Telling someone what you know about him/her

跟对方说你所知道的有关他（她）的事

상대방에 대하여 알고 있음을 말하다

Relatando o que sabe sobre a pessoa.

例

三井さんからすごくお上手な方がいらっしゃるって、うかがってました。
みつい じょうず かた

（スキット2 初めて会ったダンス教室の人に）
はじ あ きょうしつ ひと

野村さん、歌がお上手だそうですね。 （スキット4 同僚の友人に）
のむら うた どうりょう ゆうじん

谷さんって、関西出身なんですよね。
たに かんさいしゅっしん

キムさんも、つくばにお住まいだそうですね。
す

コンピュータにくわしいって、平野さんからうかがっていました。
ひらの

> **他によく使う表現**
> ほか つか ひょうげん
> お会いできてうれしいです
> あ
> お目にかかれるのを楽しみにしていました
> め たの

人を紹介されました。あなたは、その人について ☐ のこと
ひと しょうかい し
を知っています。何と言いますか。
なん い

練 習 1-9

① こちら、同じ寮に
おな りょう
住んでる広田さん。
す ひろた

友人
ゆうじん

広田
ひろた

広田さんはコンピュータに
くわしい

あなた

② こちら、同じ会社に
おな かいしゃ
勤めているリーさんです。
つと

リー

友人

リーさんはカナダから来た
き

あなた

③ こちらが会社でお世話に
せ わ
なっている吉田部長。
よし だ ぶ ちょう

吉田部長
よし だ ぶ ちょう

夫
おっと

主人がお世話になっている
しゅじん

あなた（妻）
つま

④ こちら、今日から月曜と水曜
きょう げつよう すいよう
に入ってもらうことになった
はい
ゴウさんです。

ゴウ

店長
てんちょう

ゴウさんは関東大学の
かんとうだいがく
学生だ
がくせい

あなた

もういっぱい!?

You are introduced to
someone. You know ☐
about him/her. What would
you say to the person?

有人给你介绍了某人，你知
道有关他（她）的一些情况，
你怎么对他（她）说？

누군가를 소개 받았습니다.
당신은, 그 사람에 대하여
☐ 을 / 를 알고 있습니다.
뭐라고 말하겠습니까?

Foi-lhe apresentado uma
pessoa. Você sabe de ☐
a respeito dele(a). Como
responderá?

【1】 適当な言葉を選んでください。
てきとう こと ば えら

① A：日本は 始め ですか。
に ほん はじ
初めて
はじ

B：いえ、3回目です。
かい め

② A：どちらに お勤め ですか。
つと
お仕事
し ごと

B：ドイツ大使館です。
たい し かん

③ A：日本語の勉強を始めた 目的 は何ですか。
に ほん ご べんきょう はじ もくてき なん
きっかけ

B：小学校のときに日本人の友達がいたんです。
しょうがっこう に ほんじん ともだち

Please choose the appropri-
ate word/phrase.

请选择恰当的词语。

적당한 문구를 선택하십시
오.

Escolha a palavra apro-
priada.

④ A：昨日、大家さんに会ったんですか。

B：ええ。電話の声からはちょっと冷たい印象を もらった／受けた んです

けど、会ってみたらいい人でした。

A：そうですか。

⑤ A：どちらに お住まい／ご住所 ですか。

B：中野駅の近くです。

【2】平山さんが目上の人の場合、使えないものに×をつけてください。

① （　）こちらは、新入社員のトレーニングをしてくれている**平山さん**です。

② （　）**平山さん**です。前の会社で大変お世話になった方です。

③ （　）今度の仕事を一緒に担当してもらう**平山さん**です。

④ （　）**平山さん**です。機械に強いから、困ったことがあったら何でも聞いてください。

⑤ （　）先月までシンガポール支社にお勤めの**平山さん**です。

⑥ （　）こちら、夏からシアトルにいらっしゃる**平山さん**。

Please draw an × for inappropriate ways to introduce Hirayama when s/he is older/senior to you in rank.

如果平山是长辈，那么下列哪些句子不合适？请给不合适的句子打×.

히라야마씨가 윗사람일 경우, 사용할 수 없는 표현에 ×를 쓰십시오.

Caso o Sr. Hirayama seja uma pessoa de hierarquia mais alta marque com um × nas expressões que não podem ser usadas.

ロールプレイ

【1】今日から友人があなたと同じところでアルバイトを始めました。同僚に紹介してください。

A friend of yours started working at the same place as you work today. Please introduce him/her to your co-workers.

从今天起你的朋友开始跟你在同一个地方打工。请把他(她)介绍给你的同事们。

오늘부터 친구가 당신과 같은 곳에서 아르바이트를 시작하였습니다. 동료들에게 소개하십시오.

A partir de hoje seu amigo começou a trabalhar junto com você. Apresente-o para os seus colegas de trabalho.

【2】大学のサークルに入りました。初めての日、みんなの前で自己紹介をしてください。

You joined a club at university. Please introduce yourself in front of everyone on your first day.

你参加了大学的兴趣小组。今天是第一天，请给大家做一下自我介绍。

대학교 써클에 가입하였습니다. 첫 날, 모두의 앞에서 자기소개를 하십시오.

Você entrou num círculo de atividades da universidade. Faça a sua auto apresentação para todos no primeiro dia.

ホテルで

ウォーミングアップ

ホテルのフロントで、どんな質問をしたことがありますか。

【1】 次のa～iは、①顔、②髪、③服、のどれに使うものですか。

① 顔	② 髪	③ 服

a. シャワーキャップ　　b. ひげそり　　c. アイロン

d. ドライヤー　　e. ティッシュ　　f. シャンプー

g. 綿棒　　h. リンス　　i. ハンガー

【2】 次の表現は (a) ホテルの人、(b) 客のどちらが言いますか。

① 先日予約した宮本ですが。　　　　　　　　　（　　　）

② 朝食は7時からになっております。　　　　　（　　　）

③ チェックアウトは11時までにお願いします。（　　　）

④ あいにくツインは空いていないんですが。　　（　　　）

⑤ チェックアウト、お願いします。　　　　　　（　　　）

What kinds of questions have you made at the front desk of a hotel?

你在饭店服务台询问过一些什么样的问题？

호텔 프론트에서 어떤 질문들을 해봤습니까?

Que pergunta já fez no balcão de recepção de um Hotel?

Please figure out which item below (a~i) is usually used for ①the face, ②hair or ③clothing.

请回答下列 (a~i) 分别用于什么地方。①脸部　②头发　③服装

아래의 (a~i) 는, ①얼굴, ②머리카락, ③옷 중에서 무엇에 사용되는 물건입니까?

Entre (a~i), separe o que é usado em ①rosto, ②cabelo e ③roupa.

Which person, either (a) a person who works at a hotel or (b) a guest, would say the following?

请回答下列各句分别是谁说的话：(a) 饭店的服务员 (b) 顾客

아래의 말은, (a) 호텔 직원과 (b) 손님중에 누가 한 말입니까?

As seguintes expressões provem de: (a) atendente do hotel. (b) hóspede.

聞き取り練習
き　　と　　れんしゅう

【1】 スキットを聞いて、(1) 誰と誰が、(2) 何について話しているか、
下から選んでください。

	(1) 誰と誰が	(2) 何について
①		
②		
③		
④		

Please listen to the skits and figure out (1) who are talking and (2) on what subject.

请听短剧，并从下列选项中选择：(1) 谁和谁的会话 (2) 有关哪一方面的会话

스키트를 듣고, (1) 누가 누구와, (2) 무엇에 대하여 이야기하고 있는지, 아래에서 선택하십시오.

Ouça a conversação e responda o quadro abaixo (1) Quem conversou com quem? e (2) qual é o assunto?

(1) 誰と誰が話していますか。

　ア．フロント係と客
　　　　　がかり　きゃく
　イ．友人同士
　　　ゆうじんどうし
　ウ．知らない人同士
　　　　し　　　　ひと
　エ．上司と部下
　　　じょうし　ぶか

(2) 何について話していますか。

　a．お風呂の場所
　　　　ふ　ろ　ばしょ
　b．お金の払い方
　　　　かね　はら　かた
　c．ホテルの施設
　　　　　　　　しせつ
　d．部屋の予約
　　　　へ　や　よやく

一度聞いてわからなかった人は、次の言葉を確認してから、
いちど　き　　　　　　　　　　ひと　　つぎ　ことば　かくにん
もう一度聞きましょう。(☞ 別冊に単語の訳があります。)
　　　いちど　き　　　　　　　　　べっさつ　たんご　やく

If you do not know the answers by listening to the skits once, please listen to them one more time after checking the following words/phrases. (☞You will find the translation of the vocabulary in the attached booklet.)

听了一遍没听明白的人，请确认以下词语后再听一遍。(☞附册里有单词的中文翻译)

한번 듣고 이해하지 못한 사람은, 다음의 단어들을 확인한 후에 다시 한번 들어봅시다. (☞별책에 단어들의 뜻이 나와 있습니다.)

Se não entendeu ouvindo uma vez, verifique as seguintes palavras para ouvir novamente depois. (☞A tradução das palavras encontra-se na brochura separada)

① ツイン（ルーム）	空いている	ホームページ	税込み
	あ		ぜいこ
サービス料	一部屋		
りょう	ひとへや		
② 女風呂	入れ替え	逆	露天風呂
おんなぶろ	い　か	ぎゃく	ろてんぶろ
③ ラウンジ	バー	営業	施設
		えいぎょう	しせつ
スポーツジム	パンフレット		
④ クレジットカード	ちっちゃい	現金	ATM
		げんきん	
お金を下ろす			
かね　お			

【2】 どんな情報が得られましたか。また、その情報は確かですか。

What kind of information was given through the conversation? Is the information certain?

他(她)得到了哪些信息？这些信息正确吗？

어떠한 정보를 얻을수 있었습니까? 또한, 그 정보는 확실한 것입니까?

Que tipo de informação conseguiu? Essa informação é concreta?

	どんな情報	確か・不確か
①	ツインルームを予約(できる・できない)	確か・不確か
②	露天風呂が(ある・ない)	確か・不確か
③	軽食を取るところが(ある・ない)	確か・不確か
④	クレジットカードが(使える・使えない)	確か・不確か

【3】 もう一度CDを聞いて、正しいものを選んでください。

Please listen to the CD again before you choose the correct word/phrase.

请再听一遍CD, 并根据CD的内容进行选择。

다시 한번 CD를 들은 후에 옳은 문구를 선택하십시오.

Ouça o CD novamente e escolha a alternativa correta.

① 客は a.今週 / b.来週 の土曜日と日曜日に部屋を予約しようとしている。

料金には c.税金とサービス料 / d.税金だけ / e.サービス料だけ が含まれている。

② 朝は、 a.男風呂 / b.女風呂 が1階で、 c.男風呂 / d.女風呂 が地下1階になっている。

③ a.ラウンジ / b.バー は、夕方5時から開いている。

このホテルには、スポーツのできる場所が c.1か所 / d.2か所 / e.3か所 ある。

④ 女の人は、お金がない友人に a.クレジットカード / b.現金 を貸してあげると言った。

お金がない友人は、明日、 c.お金を下ろす / d.銀行でお金を借りる と言った。

18

【4】 CD を聞いて、＿＿＿＿に書いてください。
き　　　　　　　　　　　　か

ディクテーション 1-14

Please listen to the CD and complete the sentences below.

请听 CD，并完成下列句子。

CD 를 듣고，＿＿＿＿ 에 쓰십시오．

Escute o CD e complete as sentenças abaixo.

① 今週の土曜日と日曜日なんですが、＿＿＿＿＿＿＿＿＿＿＿＿＿＿＿。
　こんしゅう　どようび　にちよう

② ちょっと＿＿＿＿＿＿＿＿＿＿＿＿＿＿＿＿＿＿＿＿＿＿＿＿＿＿。

③ このホテルに軽い食事が＿＿＿＿＿＿＿＿＿＿＿＿＿＿＿＿＿＿＿。
　　　　　　　かる　しょくじ

④ 現金足りなく＿＿＿＿＿＿＿＿＿＿＿＿＿＿＿＿＿＿＿＿＿＿＿。
　げんきん　た

⑤ もし、カード、だめだったら、＿＿＿＿＿＿＿＿＿＿＿＿＿＿＿？

ポイントリスニング

ポイントリスニング 1-15

次の表現は、（a）これから質問をするときの前置き表現ですか、それとも
つぎ　ひょうげん　　　　　　　　　しつもん　　　　　　　　まえ お
（b）他の場合の前置き表現ですか。
ほか　ば あい

Do these expressions proceed either (a) before making a question or (b) for other reasons?

下列各句都用于切入话题时，请回答它们分别用于 (a)(b) 哪种场合：(a) 表示有事要询问 (b) 表示有事要告诉对方。

다음과 같은 표현은，(a) 질문하기 전에 사용됩니까，아니면 (b) 다른 경우에 말을 시작하기 위하여 사용됩니까？

As seguintes expressões são: (a) expressão antes de formular uma pergunta. (b) expressão antes para qualquer outra circunstância.

①	②	③	④	⑤	⑥

重要表現

1 これから質問をするときの前置き

例

あのう、ツインの予約なんですけど。　　　　（スキット1　フロント係に）

あのう、すみません、ちょっと、お聞きしてもよろしいでしょうか。　　　　（スキット2　知らない人に）

すみません、ちょっとおたずねしたいことがあるんですが。　　　　（スキット3　フロント係に）

ねえ、みき、ちょっと、聞いていい？　　　　（スキット4　友人に）

あの、ホテルの代金のことなんだけど。

ちょっと、聞いてもいいかな。

ごめん、ちょっと、質問があるんだけど。

ちょっと、| 教えてほしい | ことがあるんだけど。
| 聞きたい |

あの、すみません、ちょっと、**おたずねしたいんですが**。

すみません、**お聞きしたいことがあるんですが**。

あの、ちょっと、**おたずねしてもよろしいでしょうか**。

ちょっと、**教えていただきたいことがあるんですが**。

練習 次のことについて、話しかけてください。

① 〈知らない人に〉駅までの道をたずねる

② 〈友人に〉高橋さんの結婚式に行くかどうかたずねる

③ 〈同僚に〉午後3時からの会議の場所をたずねる

④ 〈ホテルの人に〉水曜日にシングルルームが空いているかたずねる

Expressions before you ask questions

表示有事要询问

질문을 하기 위해 말문을 열다

Expressões antes de uma pergunta.

Please enquire to the people below regarding the following.

请向对方询问以下事情。

아래의 내용에 대하여 말을 거십시오.

Puxe a conversa (pergunte) sobre os assuntos abaixo.

② あるかどうか / できるかどうか、たずねる

Asking if an amenity or service exists/if you can do or use an amenity or service

询问是否有 / 是否可以

있는지，없는지 / 되는지，안 되는지 묻다

Pergunte se "é disponivel" ou se "é possível de realizar"

例

今週の土曜日と日曜日なんですが、空いてますでしょうか。
（スキット1 フロント係に）

それから、露天風呂ってありますよね。 （スキット2 知らない人に）

このホテルに軽い食事ができるところってありますか。
（スキット3 フロント係に）

このホテルって、クレジットカード、使えるよね。
（スキット4 友人に）

みかの部屋に、今日泊まる**のって**、**できる？**

この近くのコンビニに、ATM**って**、**あった？**

この部屋の電話から、国際電話**って**、**かけられたっけ？**

あそこのカラオケ屋さんって、10人ぐらい**入れる部屋**、**ある？**

シングルの部屋**は**、**空いてますか。**

このホテル、カードを使う**こと**、**できますか。**

ここで両替が**できますでしょうか。**

禁煙ルームって、**ありますか。**

ここで、何かスポーツする**のって**、**可能でしょうか。**

練習 次のことをたずねてください。

 練習 ●1-17

Please make the following enquiries to the people below.

请向对方询问以下事情。

아래의 내용을 물어보십시오.

Pergunte sobre os itens mencionados a seguir.

① 〈友人に〉近くに銀行があるかどうか

② 〈上司に〉午後2時から会議室が使えるかどうか

③ 〈ホテルの人に〉近くに魚料理の店があるかどうか

④ 〈ホテルの人に〉家族風呂があるかどうか

もういっぱい!?

【1】 客は何と返事しますか。a〜dから選んでください。

① ホテルの人: コーヒーをお持ちしました。

　　客　　　: _____

② ホテルの人: ご予約は？

　　客　　　: _____

③ ホテルの人: 今週の土日は、あいにく満室なんですが。

　　客　　　: _____

④ ホテルの人: 冷蔵庫はお使いになりましたか。

　　客　　　: _____

> a. いいえ、ぜんぜん。
>
> b. そうですか。じゃ、けっこうです。
>
> c. あ、そのテーブルに置いといてもらえます？
>
> d. あ、インターネットでしたんですけど。

Please choose the appropriate reply (a~d) from the box for the guests.

下列各种场合顾客怎样回答？请从 (a~d) 中进行选择。

손님은 뭐라고 대답합니까? a~d 에서 고르십시오.

Escolha entre (a~d) o que o hóspede deve responder e preencha as lacunas abaixo.

【2】 次の表現に続くのはa〜eのどれですか。

① ちょっと聞きたいことがあるんだけど、_____

② ちょっと言いにくいんだけど、_____

③ 突然で申し訳ないんですけど、_____

④ 無理言うんだけど、_____

⑤ 雑誌で見たんだけど、_____

> a. このあいだ貸してもらった本、なくしちゃって。
>
> b. 明日お休みいただけますか。
>
> c. この近くにATMってあったっけ？
>
> d. 駅前にできた喫茶店に行ってみない？
>
> e. 明日のアルバイト代わってくれない？

Which clause (a~e) in the box would follow the statements below.

下列各句之后应该接哪句？请从 (a~e) 中进行选择。

아래의 말을 잇는것은, (a~e) 중 어느것입니까?

Escolha entre (a~e) a continuação das sentenças abaixo.

【1】 ホテルの予約をしてくれた友人に、ホテルの施設や設備にどんなものがあるか聞いてください。

Please ask your friend, who made a hotel reservation for you, what kinds of facilities the hotel has.

朋友帮你预定了饭店，请你问一下他（她）饭店都有些什么样的设施和设备。

호텔 예약을 해준 친구에게 , 호텔에 어떤 시설이나 설비가 갖추어져 있는지 물어보십시오 .

Seu amigo reservou um quarto de hotel para você. Pergunte para ele sobre as instalações e equipamentos (facilidades) que o hotel possui.

【2】 ホテルに電話をかけて予約をしてください。

Please make a hotel reservation by telephone.

请给饭店打一个预约客房的电话。

호텔에 전화를 걸어 예약하십시오 .

Telefone para o hotel e faça uma reserva.

3

うわさ

ウォーミングアップ

What are popular topics you and people around you talk about?

你周围的人经常谈论一些什么样的事情？

당신의 주변에서는, 어떠한 일들이 가장 화제의 이야기거리입니까?

Quais são os boatos mais frequêntes ao seu redor?

Please choose the appropriate word.

请选择恰当的词语。

적당한 문구를 선택하십시오.

Escolha a palavra apropriada.

あなたのまわりでは、どんなことがよくうわさになりますか。

【1】 適当な言葉を選んでください。

① 友人Ａ： 小森さん、こないだのカラオケ大会で優勝したんだって。

友人Ｂ： へえ、 ラッキー！
すごい！

② 友人Ａ： 南さん、階段から落ちて足の骨を折ったらしいよ。

友人Ｂ： ええっ、 かわいそう。
残念。

③ 友人Ａ： 多田さん、また遅刻だって。

友人Ｂ： えーっ、また？ ちょっと 悪い よね。
まずい

④ 同僚Ａ： 私、今度シンガポールに行くことになったんです。

同僚Ｂ： それは いい ですね。得意の英語が使えますね。
よかった

【2】 適当な言葉を選んでください。

Please choose the appropriate word/phrase.

请选择恰当的词语。

적당한 문구를 선택하십시오.

Escolha a palavra apropriada.

① 佐々木さん、就職が決まって、横浜に（動く・転勤する・引っ越す）んだって。

② 山下さんのところ、急に奥さんが（行って・死んで・亡くなって）大変みたいですよ。

③ 谷口さん、最近見ないけど、学校（出た・終わった・やめた）の？

④ 祖母から聞いた話なんですけど、私がまだ小さいときに父と母は（切った・離れた・別れた）らしいんです。

⑤ 坂井さんに赤ちゃんが（生まれた・生んだ・来た）って。

聞き取り練習
き と れんしゅう

スキット 1 ⊙1-18　スキット 3 ⊙1-20
スキット 2 ⊙1-19　スキット 4 ⊙1-21

【1】スキットを聞いて、(1)誰と誰が、(2)何について話しているか、
き　　　　　だれ　だれ　　　　　なん　　　　　はな
下から選んでください。
した　えら

	(1) 誰と誰が	(2) 何について
①		
②		
③		
④		

(1)誰と誰が話していますか。　　(2)何について話していますか。

ア．近所の人同士　　　　　　a．結婚
　　きんじょ　ひとどうし　　　　　　けっこん

イ．上司と部下　　　　　　　b．出産
　　じょうし　ぶか　　　　　　　　　しゅっさん

ウ．職場の同僚同士　　　　　c．一緒に働いている人
　　しょくば　どうりょう　　　　　　いっしょ　はたら　　ひと

　　　　　　　　　　　　　　d．転勤
　　　　　　　　　　　　　　　てんきん

▶▶ 一度聞いてわからなかった人は、次の言葉を確認してから
　　いちど き　　　　　　　　　ひと　　つぎ　ことば　かくにん
もう一度聞きましょう。(☞ 別冊に単語の訳があります。)
　　　いちど き　　　　　　　　　べっさつ　たんご　やく

① 店長　　　　叱る　　　　遅刻する　　連絡を入れる　まずい
　てんちょう　しか　　　　ちこく　　　　れんらく い

　注文を取る
　ちゅうもん と

② 受付　　　　主任　　　　相手の人　　クラスメート　うらやましい
　うけつけ　　しゅにん　　あいて ひと

③ 転勤する　　ばったり会う　　　　残る
　てんきん　　　　　　あ　　　　　　のこ

④ ご本人　　　予定日　　　そわそわする　寄る　　　昼過ぎ
　ほんにん　　よていび　　　　　　　　　　よ　　　　ひるす

　お祝いをする　　　　課
　　いわ　　　　　　　か

Please listen to the skits and figure out (1) who are talking and (2) on what subject.

请听短剧，并从下列选项中选择：(1) 谁和谁的会话 (2) 有关哪一方面的会话

스키트를 듣고, (1) 누가 누구와, (2) 무엇에 대하여 이야기하고 있는지, 아래에서 선택하십시오.

Ouça a conversação e responda o quadro abaixo (1) Quem conversou com quem? e (2) qual é o assunto?

If you do not know the answers by listening to the skits once, please listen to them one more time after checking the following words/phrases. (☞You will find the translation of the vocabulary in the attached booklet.)

听了一遍没听明白的人，请确认以下词语后再听一遍。(☞附册里有单词的中文翻译)

한번 듣고 이해하지 못한 사람은, 다음의 단어들을 확인한 후에 다시 한번 들어봅시다. (☞별책에 단어들의 뜻이 나와있습니다.)

Se não entendeu ouvindo uma vez, verifique as seguintes palavras para ouvir novamente depois. (☞A tradução das palavras encontra-se na brochura separada)

【2】 情報を伝えられた人は、そのことを以前から知っていましたか。
　　　じょうほう　つた　　　ひと　　　　　　　　　　　　　　　　い ぜん　し
　　　知っていた場合、誰から聞きましたか。
　　　　　　　ば あい　だれ　き

Had the person who received the information known about it beforehand? If yes, who told him/her about it?

对方告诉他（她）的事情，他（她）以前是否知道？如果知道的话，是听谁说的？

정보를 들은 사람은, 그것에 대하여 이전부터 알고 있었습니까? 만약 알고 있었다면, 누구에게 들은 것입니까?

A pessoa que recebeu a informação já sabia sobre o assunto? Em caso afirmativo, de quem essa pessoa ouviu isso?

	知っていたか	誰から聞いたか
①	知っていた ・ 知らなかった	
②	知っていた ・ 知らなかった	
③	知っていた ・ 知らなかった	
④	知っていた ・ 知らなかった	

【3】 もう一度 CD を聞いて、正しいものを選んでください。
　　　　いちど　　　　　き　　　　　ただ　　　　　　えら

Please listen to the CD again before you choose the correct word/phrase.

请再听一遍 CD，并根据 CD 的内容进行选择。

다시 한번 CD를 들은 후에 옳은 문구를 선택하십시오.

Ouça o CD novamente e escolha a alternativa correta.

① 石田さんは昨日　a. 遅刻して　　　　店長に叱られた。
　　いし だ　　　きのう　　　ち こく　　　　てんちょう　しか
　　　　　　　　　　b. 注文を間違えて
　　　　　　　　　　　ちゅうもん　ま ちが

　　今日は　c. 遅刻して　　　　しまったそうだ。
　　　きょう　　ち こく
　　　　　　　d. 注文を間違えて

② 田中さんは高校のときの　a. 先生　　　　と結婚するらしい。
　　た なか　　　こうこう　　　　　せんせい　　　　　けっこん
　　　　　　　　　　　　　　　　b. クラスメート

　　女の人は今ボーイフレンドが　c. いる。
　　おんな　ひと　いま
　　　　　　　　　　　　　　　　　　d. いない。

③ 松下さんは　a. 二人　家族だ。
　　まつした　　　ふたり　か ぞく
　　　　　　　　b. 三人
　　　　　　　　　さんにん

　　広島へは　c. 家族みんなで　行くらしい。
　　ひろしま　　　　　　　　　　い
　　　　　　　d. ご主人だけ
　　　　　　　　　しゅじん

④ 島田さんの赤ちゃんは、予定より一週間　a. 遅く　生まれた。
　　しま だ　　　あか　　　　　よ てい　いっしゅうかん　おそ　う
　　　　　　　　　　　　　　　　　　　　　　b. 早く
　　　　　　　　　　　　　　　　　　　　　　　はや

　　今日、島田さんは会社に　c. まだ来ていない。
　　きょう　しま だ　　　かいしゃ　　　　き
　　　　　　　　　　　　　　d. もう来ている。

【4】 CDを聞いて、＿＿＿＿に書いてください。

Please listen to the CD and complete the sentences below.

请听 CD, 并完成下列句子.

CD 를 듣고, ＿＿＿＿ 에 쓰십시오.

Escute o CD e complete as sentenças abaixo.

① こないだ入ったバイトの子、何て名前＿＿＿＿＿＿＿＿＿＿＿＿＿＿？

② 相手の人は高校のときのクラスメート＿＿＿＿＿＿＿＿＿＿＿＿

＿＿＿＿＿＿＿＿＿＿＿＿。

③ 奥さんも今の仕事を＿＿＿＿＿＿＿＿＿＿＿＿、二人でこっちに

残るらしいですね。

④ 昼過ぎになると部長に＿＿＿＿＿＿＿＿＿＿＿＿＿＿＿＿。

⑤ じゃあ、何かお祝い＿＿＿＿＿＿＿＿＿＿＿＿＿＿＿＿。

ポイントリスニング

話を聞いた人は、（a）その話を知りませんでしたか、それとも、（b）以前から知っていましたか。

①	②	③	④	⑤	⑥

Had the person who received the information either (a) not known about it until then or (b) known before then?

他 (她) 听到的事情是 (a) 他 (她) 以前不知道的 , 还是 (b) 他 (她) 以前就知道的 ?

이야기를 들은 사람은 , (a) 그 이야기를 모르고 있었습니까 ? 아니면 , (b) 이전부터 알고 있었습니까 ?

A pessoa que ouviu a conversa, (a) não sabia sobre o assunto. (b) já sabia sobre isso?

重 要 表 現

1 聞いた話を切り出す

例

な、聞いた？ （スキット1 職場の同僚に）

本田さん、聞きました？ （スキット2 職場の同僚に）

先ほどご本人から電話があったんですが、島田さんとこ、
お子さんが生まれたそうですよ。 （スキット4 会社の上司に）

聞いて聞いて。
ねえ、聞いた？
知ってた？
渡辺さんから聞いたんだけど
本当かどうかわからないんだけど

村野さん、神戸に
　引っ越すんだって。

村野さん、神戸に引っ越す｜とか聞いたけど。
　　　　　　　　　　　　　って聞いたんだけど。
　　　　　　　　　　　　　んじゃないかって話なんだけど。

森川さんに教えてもらったんですけど
さっき聞いたばかりなんですけど
ちょっと小耳にはさんだんですけど
もうご存知かもしれませんけど
確かなことはわからないんですが

村野さん、神戸に
　引っ越すらしいですよ。

村野さん、神戸に引っ越す｜みたいですよ。
　　　　　　　　　　　　　っていう話があるんですが。

練習 どうやって話を切り出しますか。 練習 1-24

① 〈友人に〉 うちの近くにコンビニができる

② 〈友人に〉 来月ガソリンが値上げされる

③ 〈同僚に〉 新しい課長が東京本社から来ることを田中さんに聞いた

④ 〈上司に〉 同僚の横山さんのお母さんが入院した

Starting a subject about what you have heard

告诉对方自己听到的事情

자신이 들은 이야기를 꺼내다

Fale sobre o assunto que ouviu.

How would you start your conversation?

下列场合你怎样进入话题？

어떻게 얘기를 꺼내겠습니까?

Como comentaria sobre o assunto?

28

② 相手からの情報に反応する
あいて　　　　じょうほう　はんのう

Responding to what you have just heard

对对方说的话作出反应

상대방으로부터의 정보에 반응하다

Reaja em relação a informação recebida.

例

えっ、うそ?!　　　　　　　　　　（スキット1　職場の同僚に）
しょくば　どうりょう

そうらしいですね。　　　　　　　（スキット2　職場の同僚に）
しょくば　どうりょう

そうみたいですね。　　　　　　　（スキット3　近所の人に）
きんじょ　ひと

ああ、それでここ数日、島田君そわそわしてたんだ。
すうじつ　しまだくん

　　　　　　　　　　　　　　　　（スキット4　上司が部下に）
じょうし　ぶか

その情報を知らなかった場合
じょうほう　し　　ばあい

	えっ、	本当?! ほんとう
		うそ?!
		まじ?

へえ、そうなんだ。

だから、最近うれしそうなんだ。
さいきん

えっ、知りませんでした。

ああ、そうなんですか。

ああ、そうだったんですか。

ああ、それで、この頃忙しいっておっしゃってたんですね。
ごろいそが

	自分のこと じぶん	他の人のこと ほか　ひと	
		👕	👔
😊	よかった! やった!	よかったね! やったね!	よかったですね やりましたね
😞	ひどい! 残念! ざんねん	ひどいね 残念だったね	ひどいですね 残念でしたね
😮	信じられない! しん	信じられない!	信じられません（ね）

その情報を知っていた場合
じょうほう　し　　ばあい

らしいね。

みたいだね。

うん、そうだってね。

そうらしいですね。

そうみたいですね。

ええ、私も聞きました。
わたし　き

私も聞いて、おどろいたんですよ。
わたし　き

練習 次のように言われました。その情報を知らなかった場合に、どう応えますか。

練習 🎧1-25

①
友人（ゆうじん）

> 知ってる？ 山下さん、やっと仕事決まったんだって。

②
友人（ゆうじん）

> 本当かどうかわからないんだけど、あそこの本屋、なくなるらしいよ。

③
近所の人（きんじょ ひと）

> このすぐ近くにバス停ができるって、ご存知でした？

④
同僚（どうりょう）

> 内藤さん、シンガポールに転勤が決まったそうですよ。

How would you reply to the speakers about something you did not know until just now?

对方给你讲了下列一些事情，如果是第一次听说的话，你怎么说？

다음과 같은 말을 들었습니다. 그 정보를 몰랐을 경우에 어떻게 대답하겠습니까?

Ao receber a seguinte informação. Como responderia caso não estivesse sabendo sobre isso antes?

もういっぱい!? • • • • • • • • • • • • • • • • • • •

【1】 Bさんは何と言ったらいいですか。a〜dから選んでください。

① 同僚A：聞いた？ 木内さん、今日また20分も遅刻したらしいですよ。
　　同僚B：えっ、（　　　　　）

② 友人A：山田さん、やっと試験に合格したみたいだよ。
　　友人B：2回だめだったからね。（　　　　　）

③ 友人A：ねえ、知ってる？ 田中君、弁護士になりたくて、今、試験勉強
　　　　　してるんだって。
　　友人B：でも、今から勉強しても、（　　　　　）

④ 同僚A：私たちのプレゼン、よかったって、部長が言ってたらしいよ。
　　同僚B：そう。（　　　　　）

a. どうせ無理なんじゃない？	b. またですか。
c. だったらうれしいな。	d. ほんと、よかったね。

How would Person B respond? Please choose a~d in the box.

请从(a~d)中选择B应该怎么说。

B 씨는 뭐라고 말하는 것이 좋습니까? a~d 에서 적당한 동사를 선택하십시오.

Escolha entre a~d o que a personagem B terá de responder.

【2】 適当な言葉を選んでください。
　　　てきとう　ことば　えら

Please choose the appropriate word/phrase.

请选择恰当的词语。

적당한 문구를 선택하십시오.

Escolha a palavra apropriada.

① その話を聞いて、杉村さんはとても　| うれしいです。 |
　　　　はなし　き　　すぎむら　　　　　| 喜んでいましたよ。 |
　　　　　　　　　　　　　　　　　　　　　　よろこ

② そんなうわさ、私には　| 信じられません。 |
　　　　　　　　わたし　　| しん　　　　　　|
　　　　　　　　　　　　　| 考えられません。 |
　　　　　　　　　　　　　　かんが

③ それが本当だったら、　| 困るね。 |　　　　どうしよう。
　　　ほんとう　　　　　| こま　　|
　　　　　　　　　　　　| 困っているね。 |

④ えっ、またですか。田中さんって、本当に　| 困っている |　人ですね。
　　　　　　　　　たなか　　　　　　　　　| 困った　　 |　ひと

⑤ その話が間違いで、　| いい |　　　　です ね。
　　　　　まちが　　　| よかった |

⑥ うさぎのパールが死んで1ヶ月たつけど、思い出すと　| 悲しくて |
　　　　　　　　　　　し　　かげつ　　　　おも　だ　　| かな　　|
　　　　　　　　　　　　　　　　　　　　　　　　　　　| 悲しんで |

涙が出てくる。
なみだ　で

ロールプレイ

【1】 クラスメートの○○さんが、2週続けて先生に呼び出されたらしいと聞きました。友人に
　　　　　　　　　　　しゅうつづ　せんせい　よ　だ　　　　　　　き　　　　　　ゆうじん
その話をしてください。
　　はなし

You heard that one of your classmates Mr./Ms X had been summoned to see the teacher two weeks in a row. Please tell that to a friend.

你听说同班的某某同学好像连续两个星期都被老师叫去了。请把这件事告诉你的朋友。

같은 반인 ○○씨가, 2주일 연속으로 선생님께 불려간 것 같다고 들었습니다. 친구에게 그 이야기를 하십시오.

Você ouviu falar que seu colega de classe foi chamado duas vezes pelo professor. Comente sobre isso com seu amigo.

【2】 今自分が働いている事務所が、別の場所に引っ越すといううわさです。同僚にその話をし
　　　いまじぶん　はたら　　　じむしょ　　べつ　ばしょ　ひ　こ　　　　　　　　　どうりょう　　　はなし
てください。

There is a rumor that the office you are working at might be moved to another location. Please tell that to a co-worker.

听说你所在的事务所要搬迁, 请把这件事情告诉你的同事。

지금 자신이 일하고 있는 사무소가 다른 곳으로 이사할 것이라는 소문입니다. 동료에게 그 이야기를 하십시오.

Você ouviu um boato de que o escritório onde trabalha atualmente irá se mudar para outro lugar. Comente sobre isso com um colega de trabalho.

4 機械のトラブル
きかい

Problems with electrical
devices and appliances
请对方借给你
빌리다
Emprestar

ウォーミングアップ ・・・・・・・・・・・・・・・・・・・・・・・・・・

あなたはパソコンや機械に強いですか。
きかい　つよ

Are you relatively good
with a computer and other
electrical devices/appli-
ances?

你擅长电脑和机器吗？

당신은 컴퓨터나 기계를 잘
다룹니까?

Você é perito em micro-
putadores ou máquinas?

【1】 使えないものに×をつけてください。
つか

① 山田さんは、機械に（弱い・くわしい・できる）。
やまだ　　　きかい　よわ

② 私は、パソコンが（得意だ・わかる・上手だ）。
わたし　　　　　　　とくい　　　　　じょうず

③ 木村さんは、グラフの入った資料を作るのが（上手だ・できる・得意だ）。
きむら　　　　　　　　　はい　しりょう　つく　　じょうず　　　　　とくい

④ 私は、料理が（弱い・苦手だ・できない）。
わたし　りょうり　よわ　にがて

Draw an × over the inap-
propriate word.

请给搭配不当的单词打×.

사용할 수 없는 표현에 ×
를 쓰십시오.

Marque com um × em
cima da palavra não apro-
priada

【2】 適当な言葉を選んでください。
てきとう　ことば　えら

① プリンターの 具合 が悪いんです。
　　　　　　　ぐあい　わる
　　　　　　　調子
　　　　　　　ちょうし

② あれ、 おかしい なあ。どうしてファックス、できないんだろう。
　　　　 おもしろい

③ この洗濯機の 説明書、 よく読んだ？
　　せんたくき　せつめいしょ　よ
　　　　　　　　規則、
　　　　　　　　きそく

④ ふたが閉まらないんだけど 壊れている のかな。
　　　　し　　　　　　　　こわ
　　　　　　　　　　　　　 壊した
　　　　　　　　　　　　　 こわ

⑤ この図、ページの上のほうに 動かしたい んだけど。
　　　ず　　　　うえ　　　うご
　　　　　　　　　　　　　動きたい
　　　　　　　　　　　　　うご

Please choose the appropri-
ate word/phrase.

请选择恰当的词语.

적당한 문구를 선택하십시
오.

Escolha a palavra apropriada.

聞き取り練習
き と れんしゅう

【1】スキットを聞いて、(1)誰と誰が、(2)何について話しているか、
下から選んでください。

	(1) 誰と誰が	(2) 何について
①		
②		
③		
④		

(1)誰と誰が話していますか。　　(2)何について話していますか。

ア．同僚同士　　　　　　　a.発表のためのハンドアウト
　　どうりょうどうし　　　　　　　　　　　はっぴょう

イ．友人同士　　　　　　　b.ファックス
　　ゆうじん

ウ．夫婦　　　　　　　　　c.データのファイル
　　ふうふ

エ．会社の人と客　　　　　d.コピー機
　　かいしゃ ひと きゃく　　　　　　　　　き

一度聞いてわからなかった人は、次の言葉を確認してから、
いちどき　　　　　　　　　　ひと　　つぎ　ことば　かくにん
もう一度聞きましょう。(☞ 別冊に単語の訳があります。)
　　いちど き　　　　　　　　　べっさつ たんご やく

①	紙が詰まる	事務所	苦手	得意	
	かみ つ	じ む しょ	にが て	とく い	
②	実家	しょうがない	説明書	表裏反対	
	じっか		せつめいしょ	おもてうらはんたい	
③	売り上げ	ゴミ箱	消す	人事	時間をとる
	う あ	ばこ	け	じん じ	じ かん
④	ゼミ	発表	ハンドアウト	エクセル	グラフ
		はっぴょう			
	ワード	バイト	助かる		
			たす		

Please listen to the skits and figure out (1) who are talking and (2) on what subject.

请听短剧，并从下列选项中选择：(1) 谁和谁的会话 (2) 有关哪一方面的会话

스키트를 듣고, (1) 누가 누구와, (2) 무엇에 대하여 이야기하고 있는지, 아래에서 선택하십시오.

Ouça a conversação e responda o quadro abaixo (1) Quem conversou com quem? e (2) qual é o assunto?

If you do not know the answers by listening to the skits once, please listen to them one more time after checking the following words/phrases. (☞You will find the translation of the vocabulary in the attached booklet.)

听了一遍没听明白的人，请确认以下词语后再听一遍。(☞附册里有单词的中文翻译)

한번 듣고 이해하지 못한 사람은, 다음의 단어들을 확인한 후에 다시 한번 들어봅시다. (☞별책에 단어들의 뜻이 나와있습니다.)

Se não entendeu ouvindo uma vez, verifique as seguintes palavras para ouvir novamente depois. (☞A tradução das palavras encontra-se na brochura separada)

【2】 トラブルの内容は何ですか。また、誰がトラブルを解決しますか（しま
　　　　　　　　　　ないよう　なん　　　　　　　だれ　　　　　　　　　　かいけつ
　　　したか）。

	トラブルの内容	誰が
①		事務所の人 ・ 話をしている女の人 じむしょ　ひと　　はなし　　　　　おんな
②		妻　　・　　夫 つま　　　　　おっと
③		市川さん　　・　　伊藤さん いちかわ　　　　　　い　とう
④		話をしている人 ・ 別の友人 はなし　　　　　ひと　べつ　ゆうじん

【3】 もう一度CDを聞いて、正しいものを選んでください。
　　　　　いちど　　　き　　　　ただ　　　　　　　えら

① コピー機は、　　a.よく紙が詰まる。
　　　　　き　　　　　　　　　かみ　つ
　　　　　　　　　　b.紙が詰まったことがない。
　　　　　　　　　　　かみ　つ

　事務所の人は、　c.昼休みなので、　　事務所にいない。
　じむしょ　ひと　　　　ひるやす
　　　　　　　　　　d.もう帰ったので、
　　　　　　　　　　　　　かえ

　男の人は、コピー機のことを　e.よく知っている。
　おとこ　ひと　　　　　　　　　　　　　　　し
　　　　　　　　　　　　　　　　　　　f.あまり知らない。
　　　　　　　　　　　　　　　　　　　　　　し

② ファックスから白い紙しか出てこないのは、
　　　　　　　　　しろ　かみ　　　で

　a.お父さんの字が汚い
　　　とう　　　じ　きたな　　　　　　　　　からだろう。
　b.お父さんが送り方を間違っている
　　　とう　　　おく　かた　まちが

　説明書にはいろいろなトラブルについて書いて　c.ある。
　せつめいしょ　　　　　　　　　　　　　　　　か
　　　　　　　　　　　　　　　　　　　　　　　　d.ない。

③ 女の人は、データファイルを　a.なくしてしまった。
　おんな　ひと
　　　　　　　　　　　　　　　　　b.消してしまった。
　　　　　　　　　　　　　　　　　　け

　市川さんが女の人の問題を解決できないのは、　c.今、時間がない　からだ。
　いちかわ　　　おんな　ひと　もんだい　かいけつ　　　　　　　いま　じかん
　　　　　　　　　　　　　　　　　　　　　　　　　　d.方法を知らない
　　　　　　　　　　　　　　　　　　　　　　　　　　　ほうほう

④ ゼミの発表は、　a.今から　だ。
　　　　　はっぴょう　　　いま
　　　　　　　　　　b.明日
　　　　　　　　　　　あした

　男の人はコンピュータを　c.家に置いてきた。
　おとこ　ひと　　　　　　　　　いえ　お
　　　　　　　　　　　　　　　　d.今持っている。
　　　　　　　　　　　　　　　　　いま　も

What is or was the problem in each skit? Who will solve or has solved it?

他（她）遇到了什么样的麻烦？谁来帮助解决？（谁帮助解决的？）

어떠한 내용의 문제입니까？ 또한, 누가 문제를 해결합니까 (해결하였습니까)？

Qual é o problema? E, quem resolve (resolveu) isso?

Please listen to the CD again before you choose the correct word/phrase.

请再听一遍CD, 并根据CD的内容进行选择。

다시 한번 CD를 들은 후에 옳은 문구를 선택하십시오 .

Ouça o CD novamente e escolha a alternativa correta.

【4】 CDを聞いて、＿＿＿＿に書いてください。

ディクテーション 1-30

Please listen to the CD and complete the sentences below.

请听 CD, 并完成下列句子.

CD 를 듣고, ＿＿＿＿ 에 쓰십시오.

Escute o CD e complete as sentenças abaixo.

① 私＿＿＿＿＿＿＿＿＿＿、ちょっと＿＿＿＿＿＿＿＿＿＿＿＿＿。

② 私に＿＿＿＿＿＿＿＿＿＿＿＿＿＿、わかんないですけど。

③ データのファイルをゴミ箱に入れて ＿＿＿＿＿＿＿＿＿＿＿＿＿＿。

④ お時間＿＿＿＿＿＿＿＿＿＿＿＿＿、すみません。

⑤ 今なら時間あるから、ちょっと＿＿＿＿＿＿＿＿＿＿＿＿＿＿＿。

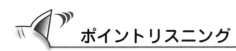

ポイントリスニング

ポイントリスニング 1-31

話をしている人は、(a)自分の能力について話していますか、それとも、(b)他の人の能力について話していますか。

Are these people talking about (a) their own ability or (b) someone else's?

说话人说的是 (a) 自己的能力, 还是 (b) 别人的能力？

이야기하고 있는 사람은, (a) 자신의 능력에 대하여 이야기하고 있습니까? 아니면, (b) 다른 사람의 능력에 대하여 이야기하고 있습니까?

A pessoa que esta conversando agora esta : (a) referindo-se de sua própria habilidade. (b) referindo-se da habilidade (qualidade) de outra pessoa.

①	②	③	④	⑤	⑥

🐾 重 要 表 現 🐾

① 能力について述べる
のうりょく　　　　　　の

例

僕、機械苦手なんですよ。　　　　　　　　　　　（スキット1　同僚に）
ぼく　き かいにがて　　　　　　　　　　　　　　　　　　　どうりょう

私にできるかどうか、わかんないですけど。　　（スキット1　同僚に）
わたし

市川さん、コンピュータにくわしいですよね。（スキット3　同僚に）
いちかわ

私、料理には、自信があるんだ。
わたし　りょうり　　　じ しん

僕、歌、下手くそなんだ。
ぼく　うた　へ た

私にできるかどうか、ちょっとわかんないですけど。

山下さん、コンピュータのこと、くわしいんだよね。
やました

彼なら、月曜までにできると思うよ。
かれ　　　げつよう　　　　　　　　　おも

スポーツは、どうも苦手で。
にがて

テニスは、高木さんに、かなわないですよ。
たか ぎ

私にできるかどうかわからないんですけど、やってみますね。

山下さん、コンピュータに、お強いんですよ。
やました　　　　　　　　　　　　　つよ

練習
れんしゅう

次のように言われました。あなたは、どう返事しますか。
つぎ　　　　　　　　い　　　　　　　　　　　　　　　　　　へん じ

練習 🔵1-32

① 上司: 誰か、コンピュータにくわしい人いないか。ファイルが開かなくて。
じょうし　だれ　　　　　　　　　　　　　　　　　ひと　　　　　　　　　　ひら

あなた: 木村さんがよく知っている
き むら　　　　　し

② 同僚: プリンターが故障しちゃったみたいなんですよ。
どうりょう　　　　　　こしょう

あなた: 私がやってみようかな
わたし

③ 友人: 新しいコンピュータを買ったんだけど、メールが送れないんだよね。
ゆうじん　あたら　　　　　　　　　　　か　　　　　　　　　おく

あなた: 山下さんがよく知っている
やました　　　　　し

④ 友人: カラオケ行かない？
い

あなた: 下手なので断りたい
へ た　　　　ことわ

2 申し出る
もう で

Offering assistance

（主动）提出做某事

자청하여 말하다

Oferecendo assistência

例

私でよければ、ちょっと見てみましょうか。 　　　　（スキット1 同僚に）
わたし　　　　　　　　　　み　　　　　　　　　　　　　　　　　　　　　　　　どうりょう

俺が見てみようか。 　　　　　　　　　　　　　　　　（スキット2 妻に）
おれ　み　　　　　　　　　　　　　　　　　　　　　　　　　　　　　　つま

今なら時間あるから、ちょっとやってみようか。 　（スキット4 友人に）
いま　　じ かん　　　　　　　　　　　　　　　　　　　　　　　　　　　ゆうじん

できるかわかんないけど、やってみてもいいよ。

時間あるから、私、見ようか。
じ かん　　　　　わたし　み

よかったら、私、するけど。

私でよければ、やってみましょうか。

あまり自信はないんですけど、見てみるだけなら、できますよ。
じ しん

練習 次のように言われました。あなたは、どう返事しますか。
れん しゅう　つぎ　　　　　　　い　　　　　　　　　　　　　　　　　　　へん じ

What would your reply be when you are told the following?

下列各种场合你怎样回答？

다음과 같은 말을 들었을 때, 당신은 어떻게 대답하겠습니까?

Falaram dessa forma com você. Como responderá?

練習 ◯1-33

① 友人：両面コピーの仕方が わかんないんだけど。
ゆうじん　りょうめん　　　　し かた

あなた：前に使ったことがある
まえ　つか

② 友人：このソフト、使ったことある？
ゆうじん

あなた：一度だけある
いち ど

③ 上司：このビデオの使い方が、わからなくて。
じょう し　　　　　　　　　　　　　　かた

あなた：できるかわからないが、やってみる

④ 同僚：このプロジェクター、ちゃんと 映らないんですよ。
どうりょう　　　　　　　　　　　　　　　　　　うつ

あなた：今は時間がないが、後ならできる
いま　じ かん　　　あと

もういっぱい!?

【1】 次の機械のトラブルとして考えられるものを、それぞれ a〜h から
選んでください。

① パソコン （　　　　　　　　）

② コピー機 （　　　　　　　　）

③ エアコン （　　　　　　　　）

a. メールが読めない	b. 紙が詰まる
c. カーソルが動かない	d. 文字化けする
e. 風が出ない	f. フリーズする
g. リモコンが使えない	h. 色が濃すぎる

【2】 弘子さんは、コンピュータに取り込んだ写真について、友人の誠人
さんに話しています。誠人さんの会話を完成させてください。

写真のサイズの変え方わかる？

弘子

誠人

① うん、わかるよ。（　　　　）

② うん、わかるけど、今手が離せないんだ。（　　　　）

③ うまくできるかどうか、わかんないけど、（　　　　）

④ そういうの苦手なんだ。（　　　　）

a. やろうか。

b. やってみようか。

c. 森さんがくわしいから聞いてみれば？

d. あとでいい？

Which problems (a〜h) in the box below could be related to the following electrical devices/appliances?

下列机器有可能会出现什么样的故障？请从 a〜h 中进行选择。

다음과 같은 기계의 문제로 생각되는 것을，각각 a〜h 에서 고르십시오．

Escolha entre a〜h o provável motivo do problema na máquina.

Hiroko is asking Makoto a question regarding the picture he downloaded to the computer. Please complete Makoto's statements.

弘子问她的朋友诚人会不会改变存入电脑里的相片尺寸，请从 (a〜d) 中选择一项，完成诚人的回答。

히로꼬씨는 컴퓨터에 다운로드한 사진에 대하여 친구인 마코토씨에게 이야기하고 있습니다．마코토씨의 대화를 완성시키십시오．

Hiroko esta conversando com Makoto sobre uma foto que foi transferido para o microcomputador. complete a sentença de Makoto.

38

 ロールプレイ ・・・・・・・・・・・・・・・・・・・・・・・・・・

【1】 プリンターの紙が詰まってしまいました。自分で何とかしようとしましたが、うまくいき

ません。隣の部屋でテレビを見ているルームメートに聞いてみてください。

The printer got jammed with paper. You tried to fix it yourself but failed. Please ask your roommate, who is watching TV in the next room, if s/he can help you.

复印机夹纸了 , 你修了半天也没修好 , 你去请教一下正在隔壁房间看电视的同屋。

프린터의 종이가 막혀버렸습니다 . 옆방에서 TV 를 보고 있는 룸메이트에게 물어보십시오 .

O papel da impressora emperrou dentro. Tentou-se de todas as formas sanar o problema mas não se obteve sucesso. Peça ajuda ao colega de quarto que esta assistindo televisão na sala vizinha.

【2】 写真のスキャンの仕方がわかりません。近くにいる同僚に手伝ってもらってください。

You do not know how to scan pictures. Ask a co-worker nearby for help.

你不知道怎样扫描相片 , 请旁边的同事帮一下你。

사진을 스캔하는 방법을 모릅니다 . 가까이 있는 동료에게 도움을 받으십시오 .

Você não sabe como "escanear" a foto. Peça ajuda ao colega próximo a você.

ウォーミングアップ ●●●●●●●●●●●●●●●●●●●●●●●●●●●●

最近どんな失敗をしましたか。
さいきん　　　　　しっぱい

What kinds of things have you messed up recently?

你最近有过哪些失误？

최근에 어떤 실수를 했습니까?

Que erros cometeu ultima-mente?

【1】 適当な言葉を選んでください。
てきとう　ことば　えら

① 上司：締め切りは明日じゃなくて、今日ですよ。
じょうし　し き　　あした　　　　きょう

部下：えっ、そうなんですか。 間違って 覚えていました。
ぶ か　　　　　　　　　　　　　　まちが　　おぼ
ミスして

② 友人 A：先週の試験の結果、どうだった？
ゆうじん　せんしゅう しけん けっか

友人 B：うん、おかげさまで、 受かった よ。
う
受けた

③ 友人 A：面接、うまく した？
めんせつ
いった？

友人 B：まあまあかな。

④ 部下：昨日は、ご迷惑を かけて すみませんでした。
き のう　　　めいわく
あげて

上司：いいよ。失敗は誰にでもあるからね。次、気をつければいいよ。
しっぱい だれ　　　　　　　　　　つぎ き

⑤ 同僚 A：パーティーで急に部長の名前が 思い出せなくて、
どうりょう　　　　　　きゅう ぶちょう なまえ　　　おも だ
覚えられなくて、

どうしようかと思ったよ。

同僚 B：そういうとき、あるよね。

Please choose the appropriate word.

请选择恰当的词语。

적당한 문구를 선택하십시오.

Escolha a palavra apropriada.

【2】 適当な言葉を選んでください。
てきとう　ことば　えら

① （それ・あれ）？ コピーが1枚足りないよ。
まい た

② 元気（出して・出て）。また（今回・今度）があるよ。
げん き だ　　で　　　　　こんかい こん ど

③ 大丈夫。（誰でも・誰か）一度や二度は同じ失敗をしますからね。
だいじょうぶ だれ　　　だれ いちど に ど おな しっぱい

④ （そんなに・あんなに）がっかりしないで。

⑤ こんなミス、（大きい・たいした）ことないですよ。
おお

Please choose the appropriate word.

请选择恰当的词语。

적당한 문구를 선택하십시오.

Escolha a palavra apropriada.

40

聞き取り練習
きと れんしゅう

【1】スキットを聞いて、(1) 誰と誰が、(2) 何について話しているか、
　　　　　　き　　　　　だれ　だれ　　　　　　なん　　　　　　はな
下から選んでください。
した　えら

	(1) 誰と誰が	(2) 何について
①		
②		
③		
④		

Please listen to the skits and figure out (1) who are talking and (2) on what subject.

请听短剧，并从下列选项中选择：(1) 谁和谁的会话 (2) 有关哪一方面的会话

스키트를 듣고, (1) 누가 누구와, (2) 무엇에 대하여 이야기하고 있는지, 아래에서 선택하십시오.

Ouça a conversação e responda o quadro abaixo (1) Quem conversou com quem? e (2) qual é o assunto?

(1) 誰と誰が話していますか。　　　(2) 何について話していますか。

　　ア．友人同士　　　　　　　　　　a．試験
　　　　ゆうじんどうし　　　　　　　　　　　　しけん
　　イ．近所の人同士　　　　　　　　b．CD
　　　　きんじょ　ひと
　　ウ．会社の先輩と後輩　　　　　　c．車
　　　　かいしゃ　せんぱい　こうはい　　　　　　　くるま
　　エ．学校の先輩と後輩　　　　　　d．会議
　　　　がっこう　せんぱい　こうはい　　　　　　　かいぎ

▶▶▶ 一度聞いてわからなかった人は、次の言葉を確認してから、
　　　　いちど　き　　　　　　　　　　　ひと　　　つぎ　ことば　かくにん
もう一度聞きましょう。（☞ 別冊に単語の訳があります。）
　　いちど　き　　　　　　　　　　　べっさつ　たんご　やく

①	企画	資料	クライアント（さん）	最悪
	きかく	しりょう		さいあく
	だいぶ（ん）	残業する		
		ざんぎょう		
②	物理	出かける	前の日	盛り上がる	追試
	ぶつり	で	まえ ひ	も あ	ついし
	自業自得				
	じごうじとく				
③	迷惑をかける		止めっぱなしにする	邪魔になる
	めいわく		と	じゃま
	気になる	よく言っておく		
	き	い		
④	まずいこと	傷がつく	音が飛ぶ	やっぱり	ネット
		きず	おと と		

If you do not know the answers by listening to the skits once, please listen to them one more time after checking the following words/phrases. (☞You will find the translation of the vocabulary in the attached booklet.)

听了一遍没听明白的人，请确认以下词语后再听一遍。(☞附册里有单词的中文翻译)

한번 듣고 이해하지 못한 사람은, 다음의 단어들을 확인한 후에 다시 한번 들어봅시다. (☞별책에 단어들의 뜻이 나와있습니다.)

Se não entendeu ouvindo uma vez, verifique as seguintes palavras para ouvir novamente depois. (☞A tradução das palavras encontra-se na brochura separada)

What is the person who has messed up worried about?

他(她)在担心什么？

실수한 사람은, 지금 무엇을 걱정하고 있습니까?

A pessoa que cometeu o erro esta preocupado com o que agora?

【2】 失敗した人は、今何を心配していますか。
　　　しっぱい　ひと　いまなに　しんぱい

	心配していること
①	
②	
③	
④	

Please listen to the CD again before you choose the correct word/phrase.

请再听一遍 CD, 并根据 CD 的内容进行选择.

다시 한번 CD를 들은 후에 옳은 문구를 선택하십시오.

Ouça o CD novamente e escolha a alternativa correta.

【3】 もう一度 CD を聞いて、正しいものを選んでください。
　　　いちど　　　き　　ただ　　　　　えら

① 水野さんがコピーした資料は、　a.古いもの　　　　　だった。
　　みずの　　　　　　　しりょう　　　ふる
　　　　　　　　　　　　　　　　　　b.今日作ったもの
　　　　　　　　　　　　　　　　　　きょうつく

　　水野さんも課長も、自分たちの失敗にすぐ　c.気が付いた。
　　　　　かちょう　じぶん　　しっぱい　　　　　き　つ
　　　　　　　　　　　　　　　　　　　　　　　d.気が付かなかった。

② 野村さんは、試験で　a.答えをたくさん間違えてしまった。
　　のむら　　　　しけん　　こた　　　　　まちが
　　　　　　　　　　　　　b.答えが書けないところがたくさんあった。
　　　　　　　　　　　　　　　　か

　　野村さんは試験の前の日　c.1時間　カラオケをした。
　　　　　　　　　まえ　ひ　　　じかん
　　　　　　　　　　　　　　　d.3時間

③ 木下さんの　a.娘　　　の友人が、昨日車で遊びに来ていた。
　　きのした　　　むすめ　　　ゆうじん　きのうくるま　あそ　き
　　　　　　　　b.息子
　　　　　　　　　むすこ

　　車の　c.止め方が悪かった　　ので、マンションの人に迷惑をかけてしまった。
　　　　　　と　かた　わる　　　　　　　　　　　　　　ひと　めいわく
　　　　　d.音がうるさかった
　　　　　　おと

④ 山下さんは　a.ジャズが好きだから、　　　前田さんに CD を借りた。
　　やました　　　　　　す　　　　　　　まえだ　　　　　　か
　　　　　　　　b.ジャズをあまり知らないから、

　　前田さんは、そのCDを　c.インターネットで　買った。
　　まえだ　　　　　　　　　　　　　　　　　　か
　　　　　　　　　　　　　　　d.ニューヨークで

42

【4】 CDを聞いて、＿＿＿＿に書いてください。　　ディクテーション ⓒ1-38

Please listen to the CD and complete the sentences below.

请听 CD, 并完成下列句子.

CD 를 듣고 , ＿＿＿＿ 에 쓰십시오 .

Escute o CD e complete as sentenças abaixo.

① どうしてあんな失敗＿＿＿＿＿＿＿＿＿＿＿＿＿＿＿＿＿＿＿＿＿＿＿＿。

② 勉強しなかった＿＿＿＿＿＿＿＿＿＿＿＿＿＿＿＿＿＿＿＿＿＿＿＿＿＿。

③ 1時間で＿＿＿＿＿＿＿＿＿＿＿＿＿＿＿＿＿＿＿＿＿＿＿＿＿＿＿＿＿＿。

④ ＿＿＿＿＿＿＿＿＿＿＿＿＿＿＿＿＿＿＿＿。そんなに気にしなくても。

⑤ 山下くんって、ジャズ＿＿＿＿＿＿＿＿＿＿＿＿＿＿＿＿＿＿＿＿＿＿＿？

ポイントリスニング

ポイントリスニング ⓒ1-39

話している人は、（a）何かを心配していますか、それとも、（b）何かを心配している人に話しかけていますか。

①	②	③	④	⑤	⑥

Are these people either (a) worried about something or (b) speaking to someone who is worried?

说话人是 (a) 在担心着什么 , 还是 (b) 在对正担心着的人 说些什么？

이야기하고 있는 사람은 (a) 무엇인가를 걱정하고 있습니까 ? 아니면 , (b) 무엇인가 걱정하고 있는 사람에게 말을 걸고 있습니까 ?

A pessoa que esta conversando esta: (a) preocupado com algo. (b) esta puxando conversa com alguém que esta preocupado.

🐾 重 要 表 現 🐾
じゅう よう ひょう げん

❶ 自分の失敗をほかの人に伝える
じ ぶん しっぱい ひと つた

例

ひどい失敗しちゃったの。　　　　　　　　（スキット1 会社の後輩に）
しっぱい　　　　　　　　　　　　　　　　　　　　　　　かいしゃ こうはい

今日、物理の試験だったんですけど、半分も書けなかったんで
きょう ぶつり しけん　　　　　　　　　　はんぶん か
すよ。　　　　　　　　　　　　　　　　（スキット2 学校の先輩に）
　　　　　　　　　　　　　　　　　　　　　　　　　がっこう せんぱい

車を止めっぱなしにしてて。　　　　　　　（スキット3 近所の人に）
くるま と　　　　　　　　　　　　　　　　　　　　　きんじょ ひと

ちょっとまずいことしちゃって。　　　　　　（スキット4 友人に）
　　　　　　　　　　　　　　　　　　　　　　　　　　　ゆうじん

バイトでひどい失敗**しちゃったんだ**よね。
　　　　　　　　しっぱい
ちょっと大変なことやっ**ちゃって**。
　　　　　たいへん
電気をつけ**っぱなし**にしてて。
でん き
最後まで**できなかったんだ**。
さい ご

営業でちょっと失敗**してしまったんです**。
えいぎょう
間違った資料を用意**してしまいまして**。
ま ちが し りょう よう い
大切な資料を机の上に置き**っぱなし**にしてまして。
たいせつ し りょう つくえ うえ お
全然うまくいかなかった**んです**。
ぜんぜん

練 習 次の場合、どのように言いますか。　　　　　　**練 習 🄲1-40**
れん しゅう つぎ ば あい い

What would you say in the
following situations?

下列各种场合你怎么说？

다음과 같은 상황에서 어떻
게 말하겠습니까？

Como falará nas seguintes
circunstâncias?

① 友人　どうしたの？　　　あなた　バイトで大きな
　　ゆうじん　　　　　　　　　　　　　　　　ミスをした
　　　　　　　　　　　　　　　　　　　おお

② 同僚　何かあったんですか。　あなた　イベントのポスターが
　　どうりょう　なん　　　　　　　　　　　　間に合わない
　　　　　　　　　　　　　　　　　　　　　ま あ

③ 友人　面接、どうだった？　　あなた　質問に答えられな
　　　　　めんせつ　　　　　　　　　　　　しつ もん こた
　　　　　　　　　　　　　　　　　　　かった

④ 同僚　おい、試合どうだった？　あなた　負けた
　　　　　　　し あい　　　　　　　　　　　ま

② 悪い結果を心配していることを伝える
わる けっか しんぱい つた

例

私のせいで、この企画だめになっちゃうかも。
わたし きかく
(スキット1 会社の後輩に)
かいしゃ こうはい

追試になったらどうしよう。 (スキット2 学校の先輩に)
ついし がっこう せんぱい

みなさん、怒ってらっしゃるんじゃないかって、心配してるん
おこ しんぱい
ですけど。 (スキット3 近所の人に)
きんじょ ひと

うまくいかなかっ**たらどうしよう**。

ファイル、消しちゃっ**たかも**。
け

失敗し**たらいやだなあ**。
しっぱい

今度失敗し**たら問題ですよね**。
こんど もんだい

見つからない**と困りますよね**。
み こま

もしかしてパスできない**かもしれません**。

誰も来ない**んじゃないかって、心配なんですが**。
だれ こ しんぱい

練習 会話を続けてください。
れんしゅう かいわ つづ

練習 C1-41

① 友人 :英文学のレポート、出した？
ゆうじん えいぶんがく だ
あなた:ううん、…

② 同僚 :書類ありましたか。
どうりょう しょるい
あなた:いいえ、…

③ 友人 :ゼミの発表の準備できた？ 明日だろ？
ゆうじん はっぴょう じゅんび あした
あなた:うん、…

④ 先生 :奨学金の結果、わかりましたか。
せんせい しょうがくきん けっか
あなた:いいえ、まだわからないんです。…

Telling that you are worried about an unpleasant result of what you have done

告诉对方你在为有可能造成的不良后果而担心

나쁜 결과에 대해 걱정하고 있는 것을 털어놓다

Transmitindo sua preocupação sobre a possibilidade de um resultado ruim.

Please continue the conversation.

请完成下列会话.

대화를 이어가십시오 .

Complete a conversação.

もういっぱい!?

【1】（　　　　）に当てはまる言葉を a〜e から選んでください。

Please choose the appropriate word (a~e) for the brackets.

请从 a~e 中选择恰当的词语填空.

（　）에 적합한 표현을 a~e 에서 고르십시오.

Escolha entre a~e a alternativa correta para completar as sentenças.

① 上司：森山さん、話って何ですか。

　　部下：（　　　　　）昨日お渡しした資料にミスが見つかってしまって。

② 友人A：授業始まるまで、あと5分しかないよ！　どうする？
　　　　　　タクシーで行く？

　　友人B：えー、バスでいいよ。（　　　　　）間に合わないんだし。

③ 弟　：あれっ?!　自転車がない！

　　姉　：えっ?!　鍵かけなかったの？

　　弟　：うん。すぐ戻るからと思って、（　　　　）。

④ 学生A：レポート、出した？

　　学生B：（　　　　）いろいろあって、まだできていないんだよね。
　　　　　　どうしよう。

⑤ 社員：すみません、（　　　　）来ていただいたのに、担当の者が席を
　　　　　外してまして。

　　客　：そうですか。3時にというお約束だったんですけどね。

　　　　┌───┐
　　　　│ a. それが　　b. つい　　c. せっかく　　d. 実は　　e. どうせ │
　　　　└───┘

【2】適当な言葉を選んでください。

Please choose the appropriate word/phrase.

请选择恰当的词语.

적당한 문구를 선택하십시오.

Escolha a palavra apropriada.

① 母　：牛乳飲んで外に 出しっぱなしにした の、誰？
　　　　　　　　　　　　　出たままにした

　　娘　：あ、それ、お兄ちゃん。

　　母　：じゃ、この 飲み始め のコップも？
　　　　　　　　　　　飲みかけ

　　娘　：あ、それは私。

② 店長：今朝、店に来たら電気が ついた ままになってたんですけど、
　　　　　　　　　　　　　　　　　つけた

　　　　　清水さん、最後に出るときチェックしました？

　　清水：すみません、 覚えてませんでした。
　　　　　　　　　　　　うっかりしてました。

　　店長：昨日も同じこと 言ったばかり ですよね。
　　　　　　　　　　　　　言っただけ

46

【1】 大学の先生が紹介してくれた仕事の面接で失敗してしまいました。先生にそのことを話し
てください。
_{だいがく} _{せんせい} _{しょうかい} _{しごと} _{めんせつ} _{しっぱい} _{はな}

You messed up the job interview which your professor introduced you to. Please talk to him/her about it.

大学的老师为你介绍了一份工作 , 但面试失败了。请你跟老师汇报一下。

대학교 선생님이 소개해주신 일자리의 면접에서 실수를 하고 말았습니다 . 선생님께 그 일에 대해 이야기하십시오 .

Você cometeu um erro na entrevista para uma vaga de trabalho numa empresa apresentada pelo seu professor de universidade. Informe seu professor sobre isso.

【2】 日本語の試験を受けましたが、時間が足りなくて全部答えられませんでした。友人にその
話をしてください。
_{にほんご} _{しけん} _う _{じかん} _た _{ぜんぶこた} _{ゆうじん}
_{はなし}

You took a Japanese test but could not answer all the questions because you did not have enough time. Please talk to a friend about it.

请告诉你的朋友 , 你参加了日语考试 , 但因时间不够没能全部答完。

일본어 시험을 봤는데 , 시간이 모자라서 전부 답할 수가 없었습니다 . 친구에게 그 이야기를 하십시오 .

Você fez uma prova de proficiência de lingua japonesa mas por falta de tempo não conseguiu responder todas as perguntas. Fale com seu amigo sobre isso.

6 電話をかける
でんわ

ウォーミングアップ

相手が留守だったり電話に出られなかったりしたらどうしますか。
あいて　　るす　　　　　でんわ　　で

What would you do when the person you want to talk to is not available on the phone?

对方不在家或不能接听电话时你怎办？

상대방이 자리에 없거나 전화를 받지 않거나 하면 어떻게 합니까?

O que faz se a pessoa não se encontra ou não pode atender o telefone quando você liga?

【1】適当な言葉を選んでください。
　　　てきとう　ことば　えら

① 山田：田中さん、お願いします。
　　やまだ　たなか　　　　ねが

　　田中：はい、　私　　　です。
　　たなか　　　　わたし
　　　　　　　　私は田中

② 木村さんちに電話をかけているんだけど、ずっと　話し中　なんだ。
　　きむら　　　　でんわ　　　　　　　　　　　　　　　はな　ちゅう
　　　　　　　　　　　　　　　　　　　　　　　　　電話中
　　　　　　　　　　　　　　　　　　　　　　　　でんわちゅう

③ もしもし、　晩　　すみませんが、奥様いらっしゃいますか。
　　　　　　　　ばん　　　　　　　　　おくさま
　　　　　　　　夜分
　　　　　　　　やぶん

④ 佐藤：鈴木は今　いす　を外しております。
　　さとう　すずき　いま　　　　　はず
　　　　　　　　　　席
　　　　　　　　　　せき

　　大野：そうですか。それでは、後で　かけ直します。
　　おおの　　　　　　　　　　　　あと　　　　なお
　　　　　　　　　　　　　　　　　　　　伝言します。
　　　　　　　　　　　　　　　　　　　でんごん

Please choose the appropriate word/phrase.

请选择恰当的词语.

적당한 문구를 아래에서 고르십시오.

Escolha a palavra apropriada.

【2】当てはまる言葉をa〜eから選んでください。
　　　あ　　　　ことば　　　　　　　えら

① 杉田さんに電話をしたら、娘さんが電話に（　　　　）。
　　すぎた　　　でんわ　　　　むすめ

② 留守だったので、留守番電話にメッセージを（　　　　）。
　　るす　　　　　　るすばん でんわ

③ 私が担当ではないので、担当の森さんに電話を（　　　　）。
　　わたし たんとう　　　　　　　　もり　　　　でんわ

④ 息子が学校を休むことを、電話で先生に（　　　　）。
　　むすこ　がっこう やす　　　　でんわ せんせい

⑤ 間違い電話の相手は、何も言わないで電話を（　　　　）。
　　まちが　でんわ あいて　なに い　　　　でんわ

Please choose the appropriate word.

请从a~e中选择恰当的词语填空.

적당한 문구를 a~e 에서 고르십시오.

Escolha a palavra apropriada para completar os parentêses.

a. 切った	b. 出た	c. かわった	d. 伝えた	e. 残した
き	で		つた	のこ

聞き取り練習
き　と　れんしゅう

【1】スキットを聞いて、(1)誰からの電話か、(2)電話をかけた人は何について話したいと思っているか、下から選んでください。

	(1) 誰から	(2) 何について
①		
②		
③		
④		

(1)誰からの電話ですか。

　ア. 先生の家族
　　　せんせい　かぞく
　イ. 客
　　　きゃく
　ウ. 別の会社の人
　　　べつ　かいしゃ　ひと
　エ. 同じ会社の人
　　　おな

(2) 何についてですか。

　a. 打ち合わせの日時
　　　う　あ　　　にちじ
　b. 予算
　　　よさん
　c. 見積もり
　　　みつ
　d. わからない

Please listen to the skits and figure out (1) who made the phone call and (2) what the caller wanted to talk about.

请听短剧，并从下列选项中选择：(1) 谁打来的电话 (2) 打电话的人想说什么事情

스키트를 듣고, (1) 누구부터로의 전화인지, (2) 전화를 건 사람이 무엇에 대하여 이야기를 하고싶어하는지, 아래에서 선택하십시오.

Ouça a conversação e responda o quadro abaixo (1) Quem ligou? e (2) qual é o assunto que essa pessoa queria conversar?

一度聞いてわからなかった人は、次の言葉を確認してから、
いち ど き　　　　　　　　　　　ひと　　つぎ　ことば　かくにん
もう一度聞きましょう。(☞ 別冊に単語の訳があります。)
　　　いちど き　　　　　　　　　べっさつ　たんご　やく

①	総務 そうむ	戻る もど	予算 よさん			
②	宅配 たくはい	席を外す せき はず	のちほど	かけ直す なお	伝言 でんごん	見積もり みつ
③	研究室 けんきゅうしつ	うちの者 もの				
④	購入 こうにゅう	打ち合わせ う あ	約束する やくそく	急用が入る きゅうよう はい		

If you do not know the answers by listening to the skits once, please listen to them one more time after checking the following words/phrases. (☞You will find the translation of the vocabulary in the attached booklet.)

听了一遍没听明白的人，请确认以下词语后再听一遍。(☞附册里有单词的中文翻译)

한번 듣고 이해하지 못한 사람은, 다음의 단어들을 확인한 후에 다시 한번 들어봅시다. (☞별책에 단어들의 뜻이 나와있습니다.)

Se não entendeu ouvindo apenas uma vez, verifique as seguintes palavras para ouvir novamente. (☞A tradução das palavras encontra-se na brochura separada)

【2】話をしたい相手と話せましたか。話せなかった場合、電話をかけた
　　　　　　あいて　はな　　　　　　　　　　　　　　　　　ばあい　でんわ
人は電話をかけ直しますか、それとも、かけてもらいますか。
ひと　　　　　　なお

	話せた・話せなかった	電話をかけ直す・かけてもらう
①	話せた・話せなかった	かけ直す・かけてもらう
②	話せた・話せなかった	かけ直す・かけてもらう
③	話せた・話せなかった	かけ直す・かけてもらう
④	話せた・話せなかった	かけ直す・かけてもらう

Was the person who was hoped to be reached available in each skit? If not, will the person who called try again later or wait for him/her to make a returning call?

他 (她) 跟他 (她) 要找的人通上话了吗 ? 如果没有的话 , 是他 (她) 重打 , 还是让对方打过来 ?

이야기하고싶은 상대와 말할 수 있었습니까 ? 그럴 수 없을 경우 , 전화를 건 사람은 다시 전화를 합니까 ? 아니면 , 상대방에게서의 전화를 기다립니까 ?

Conseguiu falar com a pessoa? Caso não tenha conseguido, a pessoa que ligou ligará novamente ou pedirá para ligar de volta?

【3】もう一度 CD を聞いて、正しいものを選んでください。
　　　　　いちど　　　　　き　　　　ただ　　　　　　えら

① 小川さんは、a.会議中 だ。
　おがわ　　　　　かいぎちゅう
　　　　　　　　b.外出中
　　　　　　　　　がいしゅつちゅう

　小川さんは、部屋に c.もうすぐ帰ってくる。
　　　　　　　へや　　　　　　　　かえ
　　　　　　　　　　　　d.しばらく帰ってこない。

② 高山さんは、a.部屋にいない。
　たかやま　　　　へや
　　　　　　　　b.他の人と電話で話をしている。
　　　　　　　　　ほか　ひと　でんわ　はなし

　男の人は、伝言を c.残した。
　おとこ　ひと　でんごん　のこ
　　　　　　　　　　d.残さなかった。
　　　　　　　　　　　のこ

③ 川上先生は、今 a.会議中 だ。
　かわかみせんせい　いま　かいぎちゅう
　　　　　　　　　　b.授業中
　　　　　　　　　　　じゅぎょうちゅう

　川上先生が部屋に戻るのは、c.3時45分 ごろだ。
　　　　　　　　もど　　　　　　じ　ふん
　　　　　　　　　　　　　　　　d.4時
　　　　　　　　　　　　　　　　　じ

④ 電話の内容は、a.マンションを変える ことについてだ。
　でんわ　ないよう　　　　　　　か
　　　　　　　　　b.打ち合わせの日時を変える
　　　　　　　　　　う　あ　　　にちじ　か

　吉田さんは、打ち合わせを c.日曜日 10 時 にしてもらった。
　よしだ　　　　　　　　　にちようび　じ
　　　　　　　　　　　　　　d.土曜日 10 時
　　　　　　　　　　　　　　　どようび　じ

Please listen to the CD again before you choose the correct word/phrase.

请再听一遍 CD, 并根据 CD 的内容进行选择。

다시 한번 CD 를 들은 후에 옳은 문구를 선택하십시오 .

Ouça o CD novamente e escolha a alternativa correta.

【4】CDを聞（き）いて、＿＿＿＿に書（か）いてください。

ディクテーション C2-6

① 小川（おがわ）さん、今（いま）ちょうど会議中（かいぎちゅう）＿＿＿＿＿＿＿＿＿＿＿＿＿＿＿＿。

② 予算（よさん）＿＿＿＿＿＿＿＿＿＿＿＿＿＿＿＿ 山口（やまぐち）から電話（でんわ）があった

＿＿＿＿＿＿＿＿＿＿＿＿＿＿＿＿。

③ わかりました。じゃ、＿＿＿＿＿＿＿＿＿＿＿＿＿＿＿＿。

④ すみませんが、戻（もど）ってきましたら、うちに電話（でんわ）する＿＿＿＿＿＿＿

＿＿＿＿＿＿＿＿＿＿＿＿＿＿＿。

⑤ あの、約束（やくそく）してました打（う）ち合（あ）わせ＿＿＿＿＿＿＿＿＿＿＿＿。

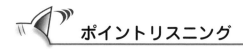

ポイントリスニング

ポイントリスニング C2-7

電話（でんわ）をかけた人（ひと）が話（はなし）をしたい相手（あいて）は、今（いま）電話（でんわ）に(a)出（で）られますか、それとも、(b)出（で）られませんか。

①	②	③	④	⑤	⑥

Please listen to the CD and complete the sentences below.

请听 CD，并完成下列句子。

CD 를 듣고 , ＿＿＿＿ 에 쓰십시오 .

Escute o CD e complete as sentenças abaixo.

Is the person whom the callers wanted to talk to now (a) available or (b) not available?

打电话要找的人现在是 (a) 能接电话，还是 (b) 不能接电话？

전화를 건 사람이 이야기 하고싶은 상대는 , (a) 전화를 받을 수 있습니까 ? 아니면 , (b) 받을 수 없습니까 ?

A pessoa com quem quer falar pelo telefone esta: (a) em condições de atender agora ou (b) não esta em condições de atender agora?

重要表現
じゅう よう ひょう げん

1 用件を伝える
ようけん つた

Stating intent or business

谈某件事

용건을 말하다

Transmitindo o tópico (assunto).

例

お見積もりの件について、お話ししたいと思ったんですが。
みつ けん はな おも

（スキット2 別の会社の人に）
べつ かいしゃ ひと

マンション購入の打ち合わせのことで、お電話したんですが。
こうにゅう う あ でん わ

（スキット4 客から会社の人に）
きゃく

約束してました打ち合わせの件なんですが。
やくそく う あ けん

（スキット4 客から会社の人に）
きゃく

今日の待ち合わせのことなんだけど。
きょう ま あ

週末の映画のことで、電話したんだけど。
しゅうまつ えい が でん わ

昨日話していた打ち上げのことだけど。
きのうはな う あ

会議室の予約の件で、お電話したんですが。
かい ぎ しつ よ やく けん でん わ

先日お電話しました本の注文のことなんですが。
せんじつ でん わ ほん ちゅうもん

ご相談したいことがあって、お電話させていただいたんですが。
そうだん でん わ

練習 次のような用件で電話をかけた場合に、あなたならどう話を
れん しゅう つぎ ようけん でん わ ば あい はなし
始めますか。
はじ

練習 2-8

① 〈友人に〉 日曜日のサッカーの試合について
ゆうじん にちようび しあい

② 〈友人に〉 夏休みの旅行について
ゆうじん なつやす りょこう

③ 〈同僚に〉 3時からの打ち合わせについて
どうりょう じ う あ

④ 〈先生に〉 先生へのお願いについて
せんせい せんせい ねが

How would you start your telephone conversation regarding the following matters?

打电话谈下列事情时，你怎样进入话题？

다음과 같이 용건이 있어 전화를 걸었을 경우, 당신이라면 어떤 식으로 이야기를 시작하겠습니까？

Quando se telefona sobre algum assunto abaixo, como você começa a conversa?

2 伝言をする
でんごん

例

> すみませんが、予算のことで山口から電話があったと伝えていただけますか。
> よさん　　　　　やまぐち　でんわ　　　　　　　つた
> （スキット1　同じ会社の人に）
> おな　かいしゃ　ひと
>
> すみませんが、戻ってきましたら、うちに電話するように伝えていただけませんか。
> もど
> （スキット3　知らない学生に）
> し　　がくせい

悪いけど、30分ぐらい遅れるって伝えてもらえる？
わる　　　　　　ぶん　　　　おく　　　　　つた
先生に今日は休みますって言っといてもらえる？
せんせい　きょう　やす　　　　　　　い

すみませんが、山田から電話があったと伝えていただけますか。
やまだ　　　でんわ　　　　　　つた
申し訳ありませんが、電話をいただきたいとお伝え願えますか。
もう　わけ　　　　　　　　　　　　　　　　　つた　ねが

練習　次の伝言をしてください。
れんしゅう　つぎ　でんごん

〔練習 C2-9〕

Please leave the people below the following messages.

请对方转告以下内容.

아래와 같이 메세지를 남기 십시오 .

Elabore o recado apropri- ado conforme o conteúdo abaixo.

① 〈みんなに〉
熱があるので今日のミーティングを休む
ねつ　　　　　きょう　　　　　　　やす

あなた　　　　　　　　　友人
ゆうじん

② 〈上田さんに〉
うえだ
電話をしてほしい
でんわ

あなた　　　　　　　　　同僚
どうりょう

③ 〈部長に〉
ぶちょう
熱が出たので休む
ねつ　で　　　　やす

あなた　　　　　　　　　同僚
どうりょう

④ 〈杉山さんに〉
すぎやま
午後、打ち合わせの時間について2時ごろ電話する
ごご　う　あ　　　　　じかん　　　　　　じ　　　でんわ

あなた　　　　　　別の会社の人
べつ　かいしゃ　ひと

Leaving a message
请转达
메세지를 남기다
Deixando um recado

【1】 適当な言葉を選んでください。

① A：みかさん、いらっしゃいますか。

B：みかさん？

A：あ、すみません、 a. 違いました。
b. 間違えました。

② 受付：田中ですね。少々お待ちください。

山下：はい。

♪♪♪♪♪♪♪

田中：すみません、 a. お待たせしました。 田中です。
b. お待ちしました。

③ 拓也：もしもし、田中です。

浩　：あ、拓也？　俺だけど。

今、 a. 電話をかけてもいい？
b. 話してもいい？

拓也：うん、いいよ。

④ 田中：それじゃ、明日 10 時に。

山下：ええ、よろしくお願いします。

田中：失礼します。

山下： a. 失礼します。
b. さようなら。

【2】 適当な言葉を選んでください。

① ［バーベキューについて、友達の鈴木くんに電話をかける］

山口：もしもし、鈴木くん？

ねえ、週末のバーベキュー a. のことで 電話したんだけど。
b. について

鈴木：うん。

山口：急に用事ができちゃって、2 時間ぐらい遅れるってみんなに

c. 伝えてもらえる？
d. 伝えられる？

鈴木：オッケー。

山口：じゃ、よろしくね。

Please choose the appropriate phrase.

请选择恰当的词语。

적당한 문구를 고르십시오 .

Escolha a palavra apropriada.

Please choose the appropriate phrase.

请选择恰当的词语。

적당한 문구를 고르십시오 .

Escolha a palavra apropriada.

54

② ［客の山下さんが、営業の野原さんに電話をかける］

　　客　：もしもし、昨日駅前のマンションの件でお電話　a. しました

　　　　　　　　　　　　　　　　　　　　　　　　　　　　b. していました

　　　　山下ですが、野原さん　c. お願いできますか。

　　　　　　　　　　　　　　　d. お話しできますか。

　　渡辺：あ、野原は今　e. 電話中　ですので、終わりましたら、

　　　　　　　　　　　　f. お話し中

　　　　折り返しお電話さしあげます。

　　客　：いえ、今ちょっと外からなので、電話があったとだけ伝えてい

　　　　ただけますか。また後でかけ直します。

　　渡辺：はい、わかりました。

ロールプレイ

【1】友人数人との夕飯の約束に行けなくなりました。そのうちの一人に電話をかけてください。

You had dinner plans with friends but you now cannot attend. Please call one of them.

约好跟几个朋友一起吃晚饭，但去不成了。请你给其中一个朋友打个电话。

몇 명의 친구들과의 저녁식사 약속에 나가지 못하게 되었습니다. 그 중 한명에게 전화를 거십시오.

Você não poderá comparecer a um jantar marcado com alguns amigos. Telefone para um deles e informe sobre isso.

【2】アルバイト先へ向かっていますが、渋滞で少し遅れそうです。店に電話をかけて、店長に取り次いでもらってください。

You are on the way to the store where you work part-time and might be a little late because of the traffic. Please call the store and ask for the manager.

去打工的途中遇上堵车，估计会晚到。请给店里打个电话，让接电话的人帮你转告一下店长。

아르바이트 하러 가는 중인데, 차가 밀려 조금 늦을 것 같습니다. 가게에 전화를 걸어 점장을 바꿔달라고 하십시오.

Você esta a caminho para o serviço mas irá se atrasar um pouco por causa do trânsito. Ligue para lá e peça para passar a ligação ao gerente da loja.

健康のために
けんこう

For one's health
为了健康
건강을 위해서
Para ser saudável

ウォーミングアップ

体のために、何かいいことをしていますか。
からだ　　　　　　なに

Have you been doing something good for your health?

你在做一些有益于健康的事吗？

건강을 위해 좋은 것을 하고 있습니까？

Você esta fazendo algo em pró de sua saúde?

【1】 使えないものに×をつけてください。
　　　つか

① 病気が（ひどくなる・なおる・よくする）。
　　びょうき

② 汗を（する・ふく・かく）。
　　あせ

③ 薬の効果が（ある・なる・出る）。
　　くすり　こうか　　　　　　　で

④ たばこを（減らして・止めて・止めて）ください。
　　　　　　　　　へ　　　　と　　　　や

⑤ （ストレス・ダイエット・リラックス）したほうがいいですよ。

⑥ 体の（具合・調子・様子）が悪い。
　　からだ　ぐあい　ちょうし　ようす　　わる

Please draw an × over the inappropriate word/phase.

请给搭配不当的单词打×。

사용할 수 없는 표현에×를 쓰십시오.

Marque com um × nas alternativas inapropriadas.

【2】 次の①〜⑤は、どうすればいいか、(a)相手に教えている人、それ
　　　つぎ　　　　　　　　　　　　　　　　　　あいて　おし　　　　ひと
　　　とも、(b)相手にたずねている人、のどちらの言葉ですか。
　　　　　　　あいて　　　　　　　　ひと　　　　　　　　ことば

① （　　　　　） ジョギングをしたらどうですか。

② （　　　　　） お肉を食べたらだめですか。
　　　　　　　　　　　にく　た

③ （　　　　　） 辛い物を食べても大丈夫ですか。
　　　　　　　　　　　から　もの　た　　　　だいじょうぶ

④ （　　　　　） 病院に行ったほうがいいですか。
　　　　　　　　　　　びょういん　い

⑤ （　　　　　） たばこを止めたほうがいいですよ。
　　　　　　　　　　　　　　　や

Which person would say the following, either (a) someone who is telling the other person what to do or (b) someone who is asking the other person what to do?

下列①~⑤各句的说话人是(a)在向对方提建议,还是(b)在向对方询问一些什么？

아래의 ①~⑤는, 어떻게 해야 좋을지 (a) 상대방에게 가르쳐주고 있는 사람과, (b) 상대방에게 물어보고 있는 사람 중, 어느 쪽이 한 말입니까？

De ①~⑤ indica-se: (a) recomendando uma ação a outra pessoa ou (b) perguntando se pode fazer ou não.

聞き取り練習
き　と　れんしゅう

【1】 スキットを聞いて、(1) 誰と誰が、(2) 何について話しているか、
き　　　　　だれ　だれ　　　　　　　なん　　　　　　はな
下から選んでください。
した　えら

	(1) 誰と誰が	(2) 何について
①		
②		
③		
④		

(1) 誰と誰が話していますか。　　(2) 何について話していますか。

ア. 近所の人同士　　　　　　　　　a. ビタミン剤
　　きんじょ ひとどうし　　　　　　　　　　　　　　　ざい

イ. 医者と患者　　　　　　　　　　b. お酒
　　いしゃ かんじゃ　　　　　　　　　　　　　　　　さけ

ウ. 会社の同僚同士　　　　　　　　c. 水泳
　　かいしゃ どうりょうどうし　　　　　　　　　　すいえい

エ. 友人同士　　　　　　　　　　　d. たばこ
　　ゆうじん

一度聞いてわからなかった人は、次の言葉を確認してから
いちど き　　　　　　　　　ひと　つぎ　ことば　かくにん
もう一度聞きましょう。(☞ 別冊に単語の訳があります。)
　　いちど き　　　　　　　　べっさつ　たんご　やく

① 酔う	年	苦手	おつまみ	乳製品
よ	とし	にがて		にゅうせいひん
とる	乾杯	一口		
	かんぱい	ひとくち		
② プール	1日おき	息切れする	めんど(う)くさい	
	にち	いき ぎ		
③ 健康的	疲れにくい	肌	調子	パンフレット
けんこうてき	つか	はだ	ちょうし	
④ 具合	血圧	完全に	精一杯	禁煙
ぐあい	けつあつ	かんぜんに	せいいっぱい	きんえん
クリニック		紹介状		
		しょうかいじょう		

Please listen to the skits and figure out (1) who are talking and (2) on what subject.

请听短剧，并从下列选项中选择：(1) 谁和谁的会话 (2) 有关哪一方面的会话

스키트를 듣고，(1) 누가 누구와，(2) 무엇에 대하여 이야기하고 있는지，아래에서 선택하십시오．

Ouça a conversação e responda o quadro abaixo (1) Quem conversou com quem? e (2) qual é o assunto?

If you do not know the answers by listening to the skits once, please listen to them one more time after checking the following words/phrases. (☞You will find the translation of the vocabulary in the attached booklet.)

听了一遍没听明白的人，请确认以下词语后再听一遍。(☞附册里有单词的中文翻译)

한번 듣고 이해하지 못한 사람은, 다음의 단어들을 확인한 후에 다시 한번 들어봅시다. (☞별책에 단어들의 뜻이 나와있습니다.)

Se não entendeu ouvindo uma vez, verifique as seguintes palavras para ouvir novamente depois. (☞A tradução das palavras encontra-se na brochura separada)

【2】 何をするといい、または何をしなければならないと言っていますか。
　　　言われた人はそれをしますか、しませんか。

What has the person in each skit said it would be good /necessary for the other person to do? Will the person follow it?

说话人建议听话人做或叫听话人必须做的是什么？听话人会那样做，还是不那样做？

무엇을 해야 좋다고 , 또는 무엇을 하지 않으면 안된다고 말하고 있습니까 ? 상대방은 그 말을 따릅니까 ?

O que a pessoa esta "recomendando" ou esta "ordenando" fazer? A pessoa que ouviu pretende realizar ou não?

	何を	する・しない・わからない
①		
②		
③		
④		

【3】 もう一度 CD を聞いて、正しいものを選んでください。

Please listen to the CD again before you choose the correct word/phrase.

请再听一遍 CD, 并根据 CD 的内容进行选择。

다시 한번 CD 를 들은 후에 옳은 문구를 선택하십시오 .

Ouça o CD novamente e escolha a alternativa correta.

① お酒を　a. 飲む前　に、牛乳を飲むといい。
　　　　　b. 飲んだ後

　　大久保さんは、　c. 牛乳　が苦手だ。
　　　　　　　　　　d. チーズ

② 平田さんは、1 週間に　a. 1 回　ぐらい、プールに通っている。
　　　　　　　　　　　　b. 3 回

　　最近は、　c. 1 日に 5 回　階段で上がっている。
　　　　　　　d. 5 階まで

③ 内田さんは、　a. 1 ヶ月前　から、　c. 1 日 2 回　ビタミン剤を飲んでいる。
　　　　　　　　b. 2 ヶ月前　　　　　　d. 1 日 3 回

④ 福田さんは、血圧が　a. 前と同じだ。
　　　　　　　　　　　b. 前より高くなった。

　　福田さんは、今、たばこを　c. 1 日 5 本吸う。
　　　　　　　　　　　　　　　d. 全然吸わない。

58

【4】 CDを聞いて、＿＿＿＿に書いてください。 ディクテーション ●2-14

① 今日はこのぐらいで＿＿＿＿＿＿＿＿＿＿＿＿＿＿＿＿＿＿＿＿。

② おつまみにチーズを＿＿＿＿＿＿＿＿＿＿＿＿＿＿＿＿＿＿＿＿。

③ 片山も＿＿＿＿＿＿＿＿＿＿＿＿＿＿＿＿＿＿＿＿＿＿＿＿＿＿。

④ 最近、ジョギング＿＿＿＿＿＿＿＿＿＿＿＿＿＿＿＿＿＿＿＿？

⑤ 完全に止めないと＿＿＿＿＿＿＿＿＿＿＿＿＿＿＿＿＿＿＿＿。

Please listen to the CD and complete the sentences below.

请听 CD, 并完成下列句子。

CD 를 듣고, ＿＿＿ 에 쓰십시오.

Escute o CD e complete as sentenças abaixo.

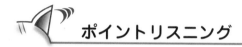

ポイントリスニング

ポイントリスニング ●2-15

話している人は、それを（a）今していますか、それとも、（b）これからしたいと思っていますか。

①	②	③	④	⑤	⑥

Which are the people saying, either (a) that s/he is now doing or (b) s/he wants to do what s/he is talking about.

说话人说的是 (a) 现在正做着的事, 还是 (b) 打算要做的事？

이야기하고 있는 사람은, 그것을 (a) 지금 하고 있습니까? 아니면, (b) 지금부터 하려고 생각하고 있습니까?

A pessoa que esta falando esta: (a) realizando agora. (b) pretende realizar de agora em diante.

❤ 重 要 表 現 ❤
じゅう よう ひょう げん

① 相手にいいと思うことを教える
　　あいて　　　　おも　　　　　おし

例

お酒を飲む前に牛乳を飲むといいみたいですよ。
さけ の まえ ぎゅうにゅう

（スキット1　会社の同僚に）
かいしゃ どうりょう

飲む前に乳製品をとるようにしたらいいんですって。
の まえ にゅうせいひん

（スキット1　会社の同僚に）

ミネラルウォーターを飲むとか。
の

たくさん水を飲むといいかも。
みず

散歩するのなんかいいと思うけど。
さんぽ　　　　　　　　　　おも

できるだけ野菜を食べたらいいんだって。
やさい た

たくさん水を飲むといいかもしれないですね。

お風呂にゆっくり入るといいって言いますよ。
ふ ろ　　　　　　　はい　　　　　　い

散歩するのなんかいいみたいですよ。
さんぽ

ビタミン剤を飲んでみましたか。
ざい

練習 相手に何をすればいいか言ってください。
れんしゅう　あいて　なに　　　　　　　　　　い

練習 ●2-16

① 最近、太ってきちゃって。
さいきん ふと

友人
ゆうじん

あなた

② 二日酔いで、頭痛くって。
ふつ か よ あたまいた

仲のいい同僚
なか どうりょう

あなた

③ パソコンの使いすぎかな、肩こりがひどくてね。
つか かた

上司
じょうし

あなた

④ 最近、なかなか眠れないんですよ。
さいきん ねむ

近所の人
きんじょ ひと

あなた

60

Telling someone what would be good for him/her to do

给对方一些好的建议

상대방에게 좋다고 생각되는 것을 알려주다

Recomende (ensine) o que você acha de melhor para a pessoa.

Please tell the speakers what you think s/he should do.

请你告诉对方怎样做好。

상대방에게 무엇을 해야 좋을지 말하십시오.

Fale o que "é melhor fazer" para a pessoa.

2 自分の体の状態の変化について話す
じ ぶん   から だ   じょうたい   へん か   はな

Talking about how your body condition is

谈自己身体状态的变化

자신의 건강상태의 변화에 대하여 말하다

Fale sobre a mudança de seu estado físico.

例

今は5階まで上がっても、息切れしないもんなあ。（スキット2 友人に）
いま かい あ いきぎ ゆうじん

ジョギング始めてから、とっても体の調子がいいんですよ。
はじ からだ ちょうし

（スキット3 近所の人に）
きんじょ ひと

毎日飲んでたら、疲れにくくなってきて。 （スキット3 近所の人に）
まいにち の つか

最近、疲れやすくて。
さいきん つか

ズボンが**きつく**なってきたんです。

スポーツを**始めてから**、体の調子がいい**んですよ。**
はじ からだ ちょうし

今は、遅くまで仕事をしても、疲れない**んですよ。**
いま おそ しごと つか

 10キロも走れる**ようになった**んですよ。
はし

 最近、血圧が上がっ**てきちゃって。**
さいきん けつあつ あ

 ここ数年、体重が増え**続けてて。**
すうねん たいじゅう ふ つづ

体の状態を説明する言葉
からだ じょうたい せつめい ことば

（おなか）の調子がいい / 悪い
ちょうし わる

疲れやすい / 疲れにくい
つか

体重が増える / 減る
たいじゅう ふ へ

食欲がある / ない
しょくよく

ストレスがたまっている

ズボンがゆるい / きつい

練習
れんしゅう

次のように言われました。どのように応えますか。 練習 C2-17
つぎ い こた

Please reply to what the speakers said.

下列各种场合你怎么说？

다음과 같은 말을 들었을 때, 어떻게 대답하겠습니까？

Falaram dessa forma com você. Como responderá?

① 友人 最近やせたんじゃない？
ゆうじん さいきん

あなた

② 同僚 ジャズダンス、始めたんだって？
どうりょう はじ

あなた

③ 上司 顔色悪いけど、大丈夫？
じょうし かおいろわる だいじょうぶ

あなた

④ 医者 たばこを止めてから、調子はどうですか。
いしゃ や ちょうし

あなた

もういっぱい!?

Please choose the appropriate word.

请选择恰当的词语。

적당한 문구를 선택하십시오.

Escolha a palavra apropriada.

【1】 適当な言葉を選んでください。

① 母 ：お肉ばかり食べないで、野菜も ちゃんと 食べないと。
　　　　　　　　　　　　　　　　　 きっと

　娘 ：はあい。

② 上司：どうしたんですか。顔色悪いですよ。

　部下：朝から頭痛が ひどくて。
　　　　　　　　　　 大きくて。

③ 医者：毎日、ちゃんと歩いていますか。
　患者：ええ、でも、仕事が忙しくて、30分歩くのが 一生懸命 なんです。
　　　　　　　　　　　　　　　　　　　　　　　　　 精一杯

④ 店長：今日はお疲れさまでした。週末は そろそろ 休んでくださいね。
　　　　　　　　　　　　　　　　　　　　 ゆっくり

　店員：はい。お先に失礼します。

⑤ 医者：休みの日は何をしているんですか。
　患者：たいてい、家で じっと しています。
　　　　　　　　　　　 ごろごろ

What kind of symptom is described by the following "-suru" expressions? Please choose the appropriate word (a~e) in the box below.

下列各种「～する」分别说明的是什么样的症状？请从 a~e 中进行选择。

아래의 "- 하다" 는 각각 어떠한 증세입니까？a~e 에서 선택하십시오.

Os seguintes "-suru" expressam respectivamente quais sintomas? Escolha as alternativas entre a~e.

【2】 次の「～する」はそれぞれどんな症状ですか。a～eから選んでください。

① （　　）夕べ飲みすぎたみたい。朝起きてからずっとむかむかしてて。

② （　　）風邪かなあ。セーター2枚も着てるのに、まだぞくぞくする。

③ （　　）血圧が低くて。いすから立ち上がるとき、いつもくらくら
　　　　　するんですよ。

④ （　　）ここ2、3日肩こりがひどくて、頭ががんがんするんです。

⑤ （　　）お酒、あんまり強くないんです。飲むとすぐ顔がかっかして
　　　　　きちゃって。

| a. 寒い | b. 痛い | c. 熱い | d. 吐き気がする | e. 目まいがする |

ロールプレイ ‥‥‥‥‥‥‥‥‥‥‥‥‥‥‥‥‥‥‥‥‥‥‥‥‥‥‥‥‥‥‥‥‥

【1】 ボーイフレンド（ガールフレンド）と一緒に居酒屋に行きました。彼（彼女）は、あぶらっぽいものばかり注文しています。体によくないので、相手に何か言ってください。

You went to a bar with your boyfriend/girlfriend, who is ordering nothing but greasy food. Since it is not good for you, please tell him/her the cons of eating this bad food.

你和男朋友（女朋友）一起去酒馆，他（她）总是点油腻的菜。你告诉他（她）吃油腻的东西不利于健康。

남자친구 / 여자친구와 함께 선술집에 갔습니다 . 남자친구 / 여자친구는 , 기름진 음식만 주문하고 있습니다 . 건강에 좋지 않으므로 , 상대방에게 이에 대해 말하십시오 .

Você foi com o(a) namorado(a) para um barzinho. Seu (sua) namorado(a) fez o pedido com muitos pratos gordurosos. Como faz mal para a saúde, fale alguma coisa a esse respeito para ele(a).

【2】 あなたの上司は、最近仕事が忙しくて疲れているようです。上司に健康のためにしたほうがいいことを勧めてください。

Your boss has been busy with work and appears exhausted. Please suggest him/her something good to do for his/her health.

你的上司最近工作很忙，看上去很疲劳。请告诉你的上司怎样做可以有益于健康。

당신의 상사는 , 최근 일이 바빠서 지쳐있는 것 같습니다 . 상사에게 건강을 위하여 하면 좋은 것을 권해보십시오 .

Seu superior esta muito cansado por trabalhar demais ultimamente. Recomende a ele algo que faça bem para a saúde.

8

駅で
えき

At a train station
在车站
(기차) 역에서
Na estação de trem.

ウォーミングアップ

駅で起こるトラブルにはどんなことがありますか。
えき　お

What kinds of troubles might you encounter at train stations?

在车站会遇到一些什么样的麻烦？

역에서 일어나는 문제들에는 어떤것들이 있습니까?

Qual o problema que pode ocorrer numa estação de trem?

【1】 使えないものに×をつけてください。
　　　つか

① 時間に（遅れる・間に合う・急ぐ）
　　じかん　　　おく　　　　ま　あ　　　いそ

② 電車を（乗り換える・降りる・乗る）
　　でんしゃ　の　か　　　　お　　　　の

③ 席を（ゆずる・予約する・座る）
　　せき　　　　　　　よやく　　　　すわ

④ ホームで友人を（並ぶ・見送る・待つ）
　　　　　　ゆうじん　なら　　みおく　　ま

Draw an × over the inappropriate word.

请给搭配不当的单词打×。

사용될 수 없는 문구에 ×를 그리십시오.

Marque com um × nas alternativas inapropriadas.

【2】 次の表現はどんな時に使いますか。a~e から選んでください。
　　　つぎ　ひょうげん　　　　とき　つか　　　　　　　　　　えら

① （　　　） 東京ドームに行きたいんですけど。
　　　　　　とうきょう　　　　い

② （　　　） 札幌まで1枚お願いします。
　　　　　　さっぽろ　　　まい　ねが

③ （　　　） ここ空いてますか。
　　　　　　　あ

④ （　　　） 成田空港行きは、何番ホームですか。
　　　　　　なりたくうこうい　　　　なんばん

⑤ （　　　） 次の特急は、7時10分発ですよね？
　　　　　　つぎ　とっきゅう　　じ　ぷんはつ

In which situation (a~e) would you use the following expressions?

下列各句分别用于什么场合？请从 a~e 中进行选择。

다음과 같은 문구는 어떤 경우에 사용됩니까? a~e 에서 선택하십시오.

As seguintes expressões são usadas em quais ocasiões? Escolha as alternativas entre a~e.

> a. 切符を買う
> 　　きっぷ　か
>
> b. 席に座る
> 　　せき　すわ
>
> c. 電車の時間を聞く
> 　　でんしゃ　じかん　き
>
> d. 電車に乗る場所を聞く
> 　　でんしゃ　の　ばしょ　き
>
> e. 降りる駅を聞く
> 　　お　　　えき　き

聞き取り練習
き と れんしゅう

【1】 スキットを聞いて、(1) 誰と誰が、(2) 何について話しているか、
　　 下から選んでください。
　　 した えら

	(1) 誰と誰が	(2) 何について
①		
②		
③		
④		

(1) 誰と誰が話していますか。　　　　(2) 何について話していますか。

　　　ア. 友人同士　　　　　　　　　　a. 同僚が遅れること
　　　　　ゆうじんどうし　　　　　　　　　どうりょう おく
　　　イ. 知らない人同士　　　　　　　b. 止まる駅
　　　　　し ひと　　　　　　　　　　　　と えき
　　　ウ. 乗客と駅員　　　　　　　　　c. 切符
　　　　　じょうきゃく えきいん　　　　　　きっぷ
　　　エ. 上司と部下　　　　　　　　　d. 忘れ物
　　　　　じょうし ぶか　　　　　　　　　わす もの

一度聞いてわからなかった人は、次の言葉を確認してから、
いちど き　　　　　　　　　　　ひと つぎ ことば かくにん
もう一度聞きましょう。(☞ 別冊に単語の訳があります。)
　　いちど き　　　　　　　　べっさつ たんご やく

①	ひかり	ブランド品	文庫本	手帳	問い合わせる	連絡先
		ひん	ぶんこぼん	てちょう	と あ	れんらくさき
②	(席が)空いている		快速	各停(＝各駅停車)		普通電車
	せき あ		かいそく	かくてい かくえきていしゃ		ふ つうでんしゃ
	向かい					
	む					
③	指定	日付	変更	可能	2枚とも	時刻
	してい	ひづけ	へんこう	か のう	まい	じこく
④	朝が弱い	寝過ごす	追いかける			
	あさ よわ	ね す	お			

Please listen to the skits and figure out (1) who are talking and (2) on what subject.

请听短剧，并从下列选项中选择：(1) 谁和谁的会话 (2) 有关哪一方面的会话

스키트를 듣고, (1) 누가 누구와, (2) 무엇에 대하여 이야기하고 있는지, 아래에서 선택하십시오.

Ouça a conversação e responda o quadro abaixo (1) Quem conversou com quem? e (2) qual é o assunto?

If you do not know the answers by listening to the skits once, please listen to them one more time after checking the following words/phrases. (☞You will find the translation of the vocabulary in the attached booklet.)

听了一遍没听明白的人，请确认以下词语后再听一遍。(☞附册里有单词的中文翻译)

한번 듣고 이해하지 못한 사람은, 다음의 단어들을 확인한 후에 다시 한번 들어봅시다. (☞별책에 단어들의 뜻이 나와있습니다.)

Se não entendeu ouvindo uma vez, verifique as seguintes palavras para ouvir novamente depois. (☞A tradução das palavras encontra-se na brochura separada)

What happened at the end
of each skit? Please choose
the appropriate conclusion.

最后结果怎么样？请从下列
选项中进行选择。

마지막에 어떻게 되었습니
까？아래에서 선택하십시오．

No final, como se concluiu
a questão? Escolha abaixo.

【2】 最後は、どうなりましたか。下から選んでください。

①	かばんは（見つかった・まだ見つかっていない）
②	今、乗っている電車は（正しい・正しくない）ので、 （乗り換える・乗り換えない）
③	切符の変更は（できた・できなかった）
④	山田さんは（遅れて来る・来ることができない）

Please listen to the CD
again before you choose
the correct word/phrase.

请再听一遍 CD, 并根据 CD
的内容进行选择。

다시 한번 CD 를 들은 후에
옳은 문구를 선택하십시오．

Ouça o CD novamente e es-
colha a alternativa correta.

【3】 もう一度 CD を聞いて、正しいものを選んでください。

① 乗客が新幹線に忘れたかばんは、　a. ハンドバッグ　だった。
　　　　　　　　　　　　　　　　　　b. スーツケース

　　その中には、　c. 本　　　が入っていた。
　　　　　　　　　d. 手帳
　　　　　　　　　e. 本と手帳

② 大久保に行くには、　a. 快速電車　に乗らなければならない。
　　　　　　　　　　　b. 普通電車

　　普通電車は、　c. 反対側のホーム　から出発する。
　　　　　　　　　d. 隣のホーム

③ この人は、間違った　a. 行き先　の切符を買ってしまった。
　　　　　　　　　　　b. 日付

　　切符は　c. 1枚　変更した。
　　　　　　d. 2枚

④ 二人は、駅で　a. 山田さん　を待っている。
　　　　　　　　b. 電車

　　山田さんは、　c. 寝坊した。
　　　　　　　　　d. 電車の中で寝てしまった。

　　二人は山田さんを　e. 駅で待つことにした。
　　　　　　　　　　　f. 待たないで行くことにした。

【4】CD を聞いて、＿＿＿＿に書いてください。
き　　　　　　　　　　　か

ディクテーション　2-22

Please listen to the CD and complete the sentences below.

请听 CD, 并完成下列句子.

CD 를 듣고 , ＿＿＿＿ 에 쓰십시오 .

Escute o CD e complete as sentenças abaixo.

① 新幹線にかばんを＿＿＿＿＿＿＿＿＿＿＿＿＿＿＿＿＿＿＿＿。
　　しんかんせん

② 大久保だったら、各停に＿＿＿＿＿＿＿＿＿＿＿＿＿＿＿＿＿。
　　おおくぼ　　　　　　　かくてい

③ どうも指定の日付を＿＿＿＿＿＿＿＿＿＿＿＿＿＿＿＿＿＿＿。
　　　　してい　ひづけ

④ 時間は＿＿＿＿＿＿＿＿＿＿＿＿＿＿＿＿＿＿＿＿＿＿＿＿＿。
　　じかん

⑤ すぐに追いかけますから、先に＿＿＿＿＿＿＿＿＿＿＿＿＿＿。
　　　　　お　　　　　　　　　　さき

ポイントリスニング

ポイントリスニング　2-23

この人は、（a）確認・質問をしていますか、それとも、（b）説明をしてい
ひと　　　　かくにん　しつもん　　　　　　　　　　　　　　　せつめい
ますか。

①	②	③	④	⑤	⑥

Are these people (a) asking for confirmation or asking questions, or (b) giving an explanation?

说话人是 (a) 在确认或是在询问 , 还是 (b) 在做说明 ?

이 사람은 (a) 확인 / 질문을 하고 있습니까 , 아니면 , (b) 설명을 하고 있습니까 ?

Esta pessoa esta: (a) Perguntando ou verificando ou (b) Explicando algo?

重要表現
（じゅう　よう　ひょう　げん）

① 情報が確かかどうかたずねる
（じょうほう　たし）

Asking whether or not the information is certain

确认信息是否正确

정보가 확실한지 아닌지 물어보다

Pergunte se essa informação é de confiança ou não

例

ひかり27号だったんですね？　　　　　　　　　（スキット1　乗客に）
（ごう）　　　　　　　　　　　　　　　　　　　　　　　　　　（じょうきゃく）

この電車、大久保に止まりましたでしょうか。
（でん しゃ　おお く ぼ　と）
　　　　　　　　　　　　　　　　　　（スキット2　別の乗客に）
　　　　　　　　　　　　　　　　　　　　　　　　（べつ）

変更は2枚ともでよろしいですか。　　　　（スキット3　乗客に）
（へんこう　まい）

ほんとにこの電車でいいんだよね？
（でんしゃ）

6時に東口の改札だったよね？
（じ　ひがしぐち　かいさつ）

この電車でよかったんだっけ？

この電車、東京駅まで行きますでしょうか。
（とうきょうえき　い）

本当に、南口の改札で間違いないですよね？
（ほんとう　みなみぐち　かいさつ　まちが）

上野駅で乗り換えるんでしたっけ？
（うえ の えき　の　か）

練習　次のことを相手に確かめてください。
（れん しゅう）　　（つぎ　　あいて　たし）

〔練習 2-24〕

Please confirm to the other person the following.

下列各种场合请你向对方确认一下。

다음의 내용을 상대방에게 확인시키십시오.

Verifique com outra pessoa os seguintes itens.

① 〈友人に〉待ち合わせは6時半に浦和駅の西口
（ゆうじん）　（ま あ　じ はん　うらわえき　にしぐち）

② 〈友人に〉新幹線の切符を友人の分も買っておく
（しんかんせん　　　　ぶん　か）

③ 〈知らない人に〉急行で品川に行きたい。電車は10番ホームから出る
（し　　ひと）（きゅうこう　しながわ　い　　でんしゃ　ばん　　　　　で）

④ 〈上司に〉新幹線ではなく特急で行く。出発時間は3時45分
（じょうし）　　　　　　　（とっきゅう　　　しゅっぱつじ かん　　じ　ふん）

② 確信はないが可能性があると言う
（かくしん　　　　　　　　か のうせい　　　い）

Stating that the information is possibly certain

有这种可能性，但不敢肯定

확신은 없지만 가능성은 있다고 말하다

Explique que não se tem a certeza mas que existe a probabilidade

例

普通は、確か、向かいのホームから出てたと思いますが。
（ふ つう　たし　む　　　　　　　　で　　おも）
　　　　　　　　　　　　　　　　　　（スキット2　別の乗客に）
　　　　　　　　　　　　　　　　　　　　　　　　（べつ　じょうきゃく）

山田さん、朝が弱いから、起きられなかったんじゃないかな。
（やま だ　あさ よわ　　　お）
　　　　　　　　　　　　　　　　　　　　（スキット4　上司に）
　　　　　　　　　　　　　　　　　　　　　　　　　　（じょうし）

8時10分の電車は、もう出ちゃったんじゃないかな。
（じ　ぶん　でんしゃ）

もしかして、反対側の電車だったかも。
（はんたいがわ）

5時に会うことになってたと思うんだけど。
（じ　あ　　　　　　　　　　　　おも）

待ち合わせは、5時だったと思うんだけど。
（ま あ　　　　　　　　　おも）

もしかすると、もう出発してしまった**かもしれませんね。**
確か、東出口からのほうが近い**と思いますが。**
出発は、5時|**ってことになってたと思いますけど。**
　　　　　だったと思いますけど。

練習（れんしゅう）　相手（あいて）に返事（へんじ）をしてください。　　　　練習 C 2-25

Please respond to the speakers below.

下列各种场合你怎么回答。

상대방에게 대답하십시오.

Responda ao companheiro.

①
　待ち合わせは改札だったっけ？
　　ま　あ　　　かいさつ
　友人（ゆうじん）

②
　乗り換えは、渋谷だよね？
　の　か　　　　しぶや
　友人（ゆうじん）

③
　次の快速は、新宿に止まりますか。
　つぎ　かいそく　しんじゅく　と
　知らない人（し　　ひと）

④
　お客さんを空港まで迎えに
　きゃく　　くうこう　むか
　行くのは誰になってましたか。
　い　　　だれ
　上司（じょうし）

③ 自分の責任を回避するためにやわらげて言う
　　じぶん　せきにん　かいひ　　　　　　　　　い

Stating something in such a manner to avoid having blame placed on you

婉转地叙述自己的失误

자신의 책임을 회피하기 위하여 얼버무리다

Fale de uma forma que diminua seu grau de responsabilidade perante a um erro próprio.

例
あの、新幹線にかばんを忘れちゃったみたいなんです。
　　しんかんせん　　　　　　わす
　　　　　　　　　　　　　　　　（スキット1　駅員に）
　　　　　　　　　　　　　　　　　　　　　えきいん

どうも指定の日付を間違えちゃったようなんです。
　　　してい　ひづけ　まちが
　　　　　　　　　　　　　　　　（スキット3　駅員に）
　　　　　　　　　　　　　　　　　　　　　えきいん

山田君、今日は少し遅れる**みたいだよ。**
やまだくん　きょう　すこ　おく
なんか、間違え**ちゃったみたい。**
　　　　まちが

お借りしていたスピーカーなんですけど、うっかり落とし
か　　　　　　　　　　　　　　　　　　　　　　お
ちゃって、壊し**てしまったようなんです。**
　　　　こわ
昨日こちらで買ったんですけど、最初から汚れていた**みたい**
きのう　　　か　　　　　　　　さいしょ　よご
なんですよ。

練習（れんしゅう）　次のような時に何と言いますか。　　　　練習 C 2-26
　　　　　　　　つぎ　　　　とき　なん　い

① 〈友人に〉　借りていたデジタルカメラを壊した
　ゆうじん　　か　　　　　　　　　　　　こわ
② 〈友人に〉　今日、返す約束をしていた CD を忘れた
　ゆうじん　きょう　かえ　やくそく　　　　　　　わす
③ 〈店員に〉　買った本をすでに持っていたので、別の本と取り替えたい
　てんいん　か　　ほん　　　も　　　　　　　　べつ　ほん　と　か
④ 〈駅員に〉　切符を間違えて買った
　えきいん　きっぷ　まちが　　か

What would you tell the people below in the following situations?

下列各种场合你怎么说？

다음과 같은 경우에 뭐라고 말하겠습니까？

O que falará nas seguintes circunstâncias.

もういっぱい!?

【1】 次の①〜⑥は駅でよく見かける表示です。どんな意味ですか。a〜f
から選んでください。

① 回送（　　）　　　　② 改札（　　）　　　　③ 精算（　　）

④ 指定席（　　）　　　⑤ 自由席（　　）　　　⑥ 禁煙（　　）

> a. 足りないお金をあとで払うところ　　b. 予約をした人だけ座れる席
>
> c. この電車に乗れない　　　　　　　　d. タバコを吸ってはいけない
>
> e. 切符をチェックするところ　　　　　f. 誰でも座れる席

【2】 適当な表現はどちらですか。選んでください。

① 友人A：小川さん、来ないね。待ち合わせ、改札の中　だよ。
　　　　　　　　　　　　　　　　　　　　　　　　　　　だったよね。

　　友人B：うん、でも、もしかして外で待ってる　かも。
　　　　　　　　　　　　　　　　　　　　　　　　みたい。

② 乗客：すみません、切符を間違って買ってしまった　みたいなんですが。
　　　　　　　　　　　　　　　　　　　　　　　　　　んじゃないかな。

　　　　それで、20日の出発を21日にしていただけませんか。

　　駅員：はい、出発時刻は同じで　いい？
　　　　　　　　　　　　　　　　　よろしいですか。

　　乗客：ええ、時間はそのままで結構です。

③ 上司：今日の午後の打ち合わせ、何時からだっけ？

　　部下：確か、4時　かもしれません。
　　　　　　　　　　だったと思いますが。

　　　　ちょっとお待ちください。すぐ調べますので。

What is the meaning of the following words you often see at train stations? Please choose the appropriate meaning (a~f) in the box.

下列①~⑥是车站常见用语，它们分别表示什么意思？请从a~f中进行选择。

다음의①~⑥은 역에서 흔히 보이는 표시입니다. 어떠한 의미입니까? a~f에서 선택하십시오.

As seguintes mensagens de ①~⑥ são frequentemente avistados dentro de uma estação. Escolha o significado correto a entre as alternativas a~f.

Please choose the appropriate word/phrase.

请选择正确的说法.

적당한 표현은 무엇입니까? 선택하십시오.

Escolha a expressão apropriada.

70

ロールプレイ ・・・・・・・・・・・・・・・・・・・・・・・・・・・・・・・・・・

【1】 電車に忘れ物をしてしまったので、駅員さんに説明してください。
　　でんしゃ わす もの　　　　　　　　　えきいん　　せつめい

Please explain to someone who works at the station that you left something behind in the train.

你把东西忘在电车上了，请跟站务员讲一下。

전철에 물건을 놓고 내렸으므로 , 역원에게 이 상황을 설명하십시오 .

Você esqueceu algo dentro do trem. Explique isso ao funcionário da estação.

【2】 待ち合わせの場所に来ない友人から携帯に電話がありました。一緒に待っている友人に、
　　ま あ　　　ばしょ こ　　ゆうじん　　けいたい　でんわ　　　　　　　　　　いっしょ ま
　　電話の内容を話してください。
　　でんわ ないよう はな

You received a call on your cellular phone from your friend who had not appeared at the place you were supposed to meet. Please tell another friend of yours who has been waiting with you what the call was all about.

几个朋友约好在某处见面，没按时到的朋友给你的手机打来了电话，请你把电话的内容告诉其他朋友。

약속 장소에 나오지 않은 친구에게서 휴대폰으로 전화가 걸려왔습니다 . 함께 기다리고 있는 친구에게 , 통화 내용을 말하십시오 .

Você esta no ponto de encontro esperando um amigo que ainda não chegou. Enquanto esperava esse amigo ligou no seu celular. Explique o conteúdo do telefonema para o companheiro que esta ao seu lado esperando-o também.

9

趣　味
しゅ　　み

ウォーミングアップ

> 趣味は何ですか。
> しゅ　み　　なん
> 一緒にやろうと友人を誘ったことがありますか。
> いっしょ　　　　ゆうじん　さそ

What is your hobby? Have you ever asked a friend to join you?

你的爱好是什么？有没有邀请过朋友跟你一起做？

취미가 무엇입니까？ 같이 하자고 친구에게 권유한 적이 있습니까？

Qual é o seu passatempo? Já convidou algum amigo para praticar junto?

【1】 適当な言葉を下から選んでください。
　　　てきとう　ことば　した　えら

① 釣りに（　　　）がありますか。
　　つ

② チャットが（　　　）なんです。

③ 最近、温泉は若い女性の間で（　　　）があります。
　　さいきん　おんせん　わか　じょせい　あいだ

④ このあいだ買ったラケット、とても（　　　）に入っているんです。
　　　　　　　か　　　　　　　　　　　　　　　　　　い

a. 気	b. 人気	c. 趣味	d. 興味
き	にんき	しゅみ	きょうみ

Please choose the appropriate word from the box below.

请选择恰当的词语。

적당한 문구를 아래에서 선택하십시오 .

Escolha a palavra apropriada no quadro abaixo.

【2】 適当な言葉を選んでください。
　　　てきとう　ことば　えら

① 毎日、ウォーキングを　歩いています。
　　まいにち　　　　　　　　　　ある
　　　　　　　　　　　　　　　　しています。

② ピアノなら　ひけます　よ。
　　　　　　　　ふけます

③ ラジオで中国語を　習っている　んです。
　　　　　ちゅうごくご　　なら
　　　　　　　　　　　　　勉強している
　　　　　　　　　　　　　べんきょう

④ 週に１回、料理教室に　通っています。
　　しゅう　かい　りょうりきょうしつ　かよ
　　　　　　　　　　　　　　　　　　　　入っています。
　　　　　　　　　　　　　　　　　　　　はい

⑤ 日本の文化に関心　しています。
　　にほん　ぶんか　かんしん
　　　　　　　　　　　　　があります。

Please choose the appropriate word/phrase.

请选择恰当的词语。

적당한 문구를 선택하십시오 .

Escolha a palavra apropriada.

聞き取り練習
き　　と　　れんしゅう

【1】スキットを聞いて、(1)誰と誰が、(2)何について話しているか、
　　　下から選んでください。
　　　した　えら

	(1) 誰と誰が	(2) 何について
①		
②		
③		
④		

Please listen to the skits and figure out (1) who are talking and (2) on what subject.

请听短剧，并从下列选项中选择：(1) 谁和谁的会话 (2) 有关哪一方面的会话

스키트를 듣고, (1) 누가 누구와, (2) 무엇에 대하여 이야기하고 있는지, 아래에서 선택하십시오.

Ouça a conversação e responda o quadro abaixo (1) Quem conversou com quem? e (2) qual é o assunto?

(1)誰と誰が話していますか。　　　　(2)何について話していますか。

　　ア．友人同士　　　　　　　　　　　a. 着付け
　　　　ゆうじんどうし　　　　　　　　　　き　つ
　　イ．近所の人同士　　　　　　　　　b. 音楽
　　　　きんじょ　ひと　　　　　　　　　　おんがく
　　ウ．上司と部下　　　　　　　　　　c. スポーツのサークル
　　　　じょうし　ぶか
　　　　　　　　　　　　　　　　　　　　d. 釣り
　　　　　　　　　　　　　　　　　　　　　つ

一度聞いてわからなかった人は、次の言葉を確認してから、
いちど　き　　　　　　　　　　ひと　　つぎ　ことば　かくにん
もう一度聞きましょう。（☞別冊に単語の訳があります。）
　　　いちど　き　　　　　　　　　べっさつ　たんご　やく

| ① 予定が入る　今のところ　ヒラメ　営業　　大学時代 |
| よてい　はい　　いま　　　　　　えいぎょう　だいがくじだい |

② サークル　　まじめに　　恋人　　気に入る　見学
　　　　　　　　　　　　　　こいびと　き　い　　けんがく

③ お出かけ　　着付け　　将来　　　教室　　ただの(趣味)
　　　で　　　　き　つ　　しょうらい　きょうしつ　　　しゅみ
　　もったいない

④ バンドに入る　パート　　ベースギター　　　ボーカル
　　　　　　はい
　　気がする
　　き

If you do not know the answers by listening to the skits once, please listen to them one more time after checking the following words/phrases. (☞You will find the translation of the vocabulary in the attached booklet.)

听了一遍没听明白的人，请确认以下词语后再听一遍。(☞附册里有单词的中文翻译)

한번 듣고 이해하지 못한 사람은, 다음의 단어들을 확인한 후에 다시 한번 들어봅시다. (☞별책에 단어들의 뜻이 나와있습니다.)

Se não entendeu ouvindo uma vez, verifique as seguintes palavras para ouvir novamente depois. (☞A tradução das palavras encontra-se na brochura separada)

What is one of the persons in the skits asking the other to join? Is s/he expressing interest in the invitation?

说话人邀请对方做什么？被邀请的人有兴趣吗？

무엇을 권유하고 있습니까? 또한, 권유받은 상대는 흥미를 보이고 있습니까?

Para o que se esta convidando? Quem recebeu o convite mostrou interesse?

【2】 どんなことを誘っていますか。また、誘われた相手は、興味を示していますか。

	どんな誘い	興味
①		○・×
②		○・×
③		○・×
④		○・×

Please listen to the CD again before you choose the correct word/phrase.

请再听一遍 CD, 并根据 CD 的内容进行选择.

다시 한번 CD 를 들은 후에 옳은 문구를 선택하십시오 .

Ouça o CD novamente e escolha a alternativa correta.

【3】 もう一度 CD を聞いて、正しいものを選んでください。

① 上司の鈴木さんは a.今週 の土曜日に釣りに行く予定だ。
b.来週

誘われた浜田さんは、今までに釣りをしたことが c.ある。
d.ない。

② 百合さんは、日曜日に行ったテニスのサークルが a.おもしろかった
b.おもしろくなかった

と言っている。
そのサークルは、テニスをまじめに c.していた。
d.していなかった。

③ 平川さんは a.1ヶ月 前から着付けを習い始めた。
b.1週間

着付けを習っている目的は、将来教室を c.開くためだ。
d.開くためではない。

④ 男の人は、昔、バンドを a.やっていた。
b.やっていない。

女の人は、昔、バンドを c.やっていた。
d.やっていない。

【4】 CDを聞いて、＿＿＿＿に書いてください。 ディクテーション ⓒ2-31

① ヒラメ釣りに営業のみんなで＿＿＿＿＿＿＿＿＿＿＿＿＿＿＿＿＿＿＿＿＿。

② ＿＿＿＿＿＿＿＿＿＿＿＿＿＿＿＿＿＿＿＿＿＿＿。サークルなんだから。

③ よかったら、山根さんもご一緒に＿＿＿＿＿＿＿＿＿＿＿＿＿＿＿＿＿＿。

④ でも、着付け＿＿＿＿＿＿＿＿＿＿＿＿＿＿＿＿＿＿＿＿＿＿。

⑤ ＿＿＿＿＿＿＿＿＿＿＿＿＿＿＿＿＿＿＿＿＿＿、考えてみてよ。

Please listen to the CD and complete the sentences below.

请听 CD, 并完成下列句子.

CD 를 듣고 , ＿＿＿＿ 에 쓰십시오 .

Escute o CD e complete as sentenças abaixo.

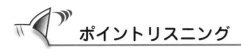

ポイントリスニング

ポイントリスニング ⓒ2-32

話している人は、何かをしようと思っています。(a)今、考え中ですか、それとも、(b)もうすることに決めましたか。

①	②	③	④	⑤	⑥

Are these people (a) still thinking or (b) have they already decided on doing something?

说话人想要做的事是 (a) 正在考虑中 , 还是 (b) 已经决定去做 ?

이야기하고 있는 사람은 무언가를 하려고 하고 있습니다 . 지금은, (a) 생각하는 중입니까 , 아니면 , (b) 하기로 결정하였습니까 ? 선택하십시오 .

A pessoa que esta falando esta pretendendo fazer algo. (a) Ainda esta pensando ou (b) Já decidiu que irá realizar?

75

🐾 重 要 表 現 🐾

1 誘う
さそ

例

来週の土曜にね、ヒラメ釣りに営業のみんなで行こうって言っ
らいしゅう どよう つ えいぎょう い い
てるんだけど、浜田さんも来ない？　　　　　（スキット1 部下に）
はまだ こ ぶか

じゃあさ、うちのサークルに来てみる？　　　（スキット2 友人に）
き ゆうじん

気に入ったら、入ることにしたら？　　　　　（スキット2 友人に）
き い はい

よかったら、山根さんもご一緒にいかがですか。
やまね いっしょ
　　　　　　　　　　　　　　　　　　　（スキット3 近所の人に）
きんじょ ひと

週末、映画を見に行こうと思ってるんだけど、一緒に行か
しゅうまつ えいが み い おも いっしょ
ない？

一緒に、スポーツしてみない？

一緒に、ボウリングに行こっか。

映画のチケットをもらったんですけど、ご一緒にいかがですか。
えいが
近所に料理教室があるんですけど、いらっしゃいませんか。
きんじょ りょうりきょうしつ
マラソン大会に参加なさいませんか。
たいかい さんか
私、テニスを始めようと思っているんですが、ご興味おあり
わたし はじ きょうみ
ですか。

スポーツクラブに通ってるんですけど、よかったら、阿部さん
かよ あべ
もいらしてみませんか。

練習　次のことを誘ってみてください。
れんしゅう つぎ さそ

練習 🔵2-33

① 〈野球チームの「巨人」ファンだという友人に〉
やきゅう きょじん ゆうじん
　　　東京ドームで行われる巨人の試合を一緒に見に行く
とうきょう おこな しあい いっしょ み い

② 〈友人に〉　エアロビ教室に行く
ゆうじん きょうしつ

③ 〈上司に〉　週末ゴルフをする
じょうし しゅうまつ

④ 〈同僚に〉　自分が出るピアノのコンサートを聞きに来る
どうりょう じぶん で き く

Invitations
邀请
권유하다
Convidar

Please ask the people be-
low out for the following.
邀请对方跟你一起做以下
事情。
다음과 같은 내용을 권유하
여 보십시오．
Experimente convidar para
as seguintes atividades.

76

② 誘いに興味を示す

Expressing some interest in the invitation

表示对对方的邀请有兴趣

권유받은 것에 대하여 흥미를 보이다

Mostrar interesse pelo convite.

 例

おもしろそうですね。行ってみたいなあ。 (スキット1 上司に)

じゃ、一度、見学に行ってみようかな。 (スキット2 友人に)

それ、いいね、いいね。

おもしろそう。

わあ、やってみたいなあ。

私なんかで ｜ いいの？
私も参加して ｜
私が行っても ｜

わあ、それ、いいですね。

なんだか、楽しそうですね。

それ、興味あるんで、くわしく聞かせてもらえませんか。

ぜひ、お願いします。

練習 次の誘いに興味を示してください。 練習 2-34

Please express your interest in the people's invitation.

请表示自己对下列邀请有兴趣.

다음과 같은 권유에 흥미를 보이십시오.

Mostre interesse nos seguintes convites.

① 上司 今度の週末、久しぶりにゴルフでも、どう？

② 友人 "Shall we dance?" のチケットがあるんだけど、一緒に行く？

③ 同僚 ギター、お弾きになるんですよね。会社のバンドに入りません？

④ 友人 これが大学生活、最後の夏休みになるんだよな。
思い出に、みんなで富士山に登らない？

③ 誘いにあまり興味がないことを示す
さそ　　　　　　きょうみ　　　　　　しめ

例

でも、着付けってなんだか難しそうで。　　　（スキット3　近所の人に）
きっ　　　　　　　　むずか　　　　　　　　　　　　　　きんじょ　ひと

私、やったことないよ。歌だって下手だし、だめだよ。
わたし　　　　　　　　　うた　　　へた
　　　　　　　　　　　　　　　　　　　　　　（スキット4　友人に）
　　　　　　　　　　　　　　　　　　　　　　　　　　　　ゆうじん

なんか続かない気がするし。　　　　　　　　（スキット4　友人に）
つづ　　　き　　　　　　　　　　　　　　　　　　　　ゆうじん

私には 向いてない ような気がするんだけど。
わたし　　む　　　　　　　　　　き

向かない・合わない・合っていない・できない
む　　　　　あ

難しそうだね。
むずか

スポーツって苦手なんだよね。
にがて

したくないわけじゃないんだけど。

できるかどうか｜わかんないし。

自信ないし。
じしん

ゴルフってやったことがありませんし。

私にできるかどうか自信がないんですよ。

なんだか、難しそうですよね。

練習
れんしゅう

次の誘いにあまり興味がないときにはどう言いますか。
つぎ　さそ　　　　　　きょうみ　　　　　　　　い

練習 🎧2-35

①
友人
ゆうじん

今度の休みに東南アジア旅行に行ってみない？
こんど　やす　　とうなん　　　　りょこう　い

②
同僚
どうりょう

週末に釣りなんか、どう？
しゅうまつ　つ

③
同僚

会社にテニスコートあるの、知ってた？　昼休みやってみない？
かいしゃ　　　　　　　　　　し　　　　　　ひるやす

④
同僚

ギター、お弾きになるんですよね。会社のバンドに入りません？
ひ　　　　　　　　　　　　　　　　　　　はい

What would you tell the people when you have little interest in their invitation?

对下列邀请不太感兴趣时，你怎么说？

다음과 같은 권유에 별로 흥미가 없을때에는 어떻게 말하겠습니까？

Como responde quando não sente muito interesse pelos convites assinalados abaixo?

もういっぱい！？

【1】適当な言葉を選んでください。

Please choose the appropriate word/phrase.

请选择恰当的词语。

적당한 문구를 선택하십시오.

Escolha a palavra apropriada.

① 友人Ａ：明日ハイキングに行くんだよね。（楽しんできてね・お楽しみに）。

　友人Ｂ：うん、ありがとう。

② 同僚Ａ：明日の映画、すごく（楽しんでいるんです・楽しみにしてるんです）。

　同僚Ｂ：私も今から（わくわく・いらいら）しています。

③ 友人Ａ：じゃ、明日のテニス、10時に学校だよ。

　友人Ｂ：うん、わかった。（誘って・招待して）くれて、ありがとう。

④ 近所の人：木村さんの息子さん、最近サッカー始めたの？

　木村　　：そうなのよ。（喜んで・うれしくて）練習に行ってるんです。

【2】次のように言われたらどう答えますか。a〜eから選んでください。

What would you say in the following situations? Please choose the appropriate reply (a~e) from the box below.

下列各种场合你怎样回答？请从a~e中进行选择。

다음과 같은 말을 듣는다면 어떻게 대답하겠습니까？a~e에서 선택하십시오.

Como responderia para as seguintes frases? Escolha entre a~e.

① 友人：一度顔を出してみて、気に入ったら一緒に入らない？　［　　］

② 同僚：ボート借りて釣りに行こうって言ってるんだけど、木村さんも来ない？　［　　］

③ 近所の人：お花の教室に参加なさいませんか。　［　　］

④ 近所の人：書道を始められたんですって？　難しくありませんか。［　　］

> a. ええ、でも、私にできるでしょうか。　　b. そうだね。考えとくよ。
>
> c. いいえ、そうでもないですよ。　　d. うん、行く行く。

ロールプレイ

【1】友人からもらったサッカーの試合のチケットがあります。会社の先輩を誘ってください。

A friend gave you two soccer tickets. Please ask your senior at work if s/he is interested in going with you.

朋友给了你两张足球票，请你邀请一下公司的前辈跟你一起去。

친구에게 받은 축구시합 티켓이 있습니다．회사의 선배에게 같이 가자고 물어보십시오．

Você ganhou ingressos para assistir um jogo de futebol. Convida o seu colega (mais velho) de trabalho para ir junto.

【2】最近、運動不足です。一緒に何か運動をしないかと友人を誘ってください。

You have not done any exercises recently. Please ask a friend if s/he is interested in working out or playing a sport with you.

最近你有些运动不足，请邀请请你的朋友跟你一起做一些体育运动。

요즘들어 운동부족입니다．함께 어떤 운동을 하지 않겠는지 친구에게 물어보십시오．

Ultimamente você não tem se exercitado. Convide um amigo para praticar algo juntos.

ウォーミングアップ

将来やりたいことがありますか。
しょうらい
そのためにもう何か準備を始めていますか。
なに　じゅんび　はじ

Is there anything you would like to do in the future? Have you already started preparing for that?

你将来想做什么？你是否已经开始为此做着准备？

장래에 하고싶은 것이 있습니까? 그것을 위하여 벌써 뭔가 준비를 시작하고 있습니까?

O que gostaria de fazer no futuro? Já começou a fazer algum preparativo para isso?

【1】適当な言葉を下から選んでください。同じ言葉を何度使ってもかま
てきとう　ことば　した　えら　　　　　　　　おな　　　　なんどつか
いません。

① （　　　　　　　）は国で日本語を教えたいんです。
くに　にほんご　おし

② （　　　　　　　）は自分の店を持つことです。
じぶん　みせ　も

③ 何年かかるかわからないけれど、（　　　　　　　）自分の本を出したいな。
なんねん　　　　　　　　　　　　　　　　　　　　　ほん　だ

④ この会社で働けるなんて（　　　　　　　）みたいです。
かいしゃ　はたら

⑤ 東京本社で働くことを（　　　　　　　）しています。
とうきょうほんしゃ　はたら

Please choose the appropriate word. You are allowed to choose the same word more than once.

请从下列选项中选择恰当的词语填空。可以重复选择。

적당한 문구를 아래에서 선택하십시오. 같은 문구를 한번 이상 사용할 수 있습니다.

Escolha a palavra apropriada no quadro abaixo. Pode-se repetir a mesma palavra quantas vezes precisar.

| 夢 | 将来 | 希望 | いつか |
| ゆめ | しょうらい | きぼう | |

【2】適当な言葉を選んでください。
てきとう　ことば　えら

① このコースが終わっても勉強を　続く　つもりです。
お　　　　べんきょう　つづ
続ける
つづ

② アジアの国で　働きたい　と思っています。
くに　はたら　　　　おも
勤めたい
つと

③ 今年　こそ　は仕事を見つけたいんだ。
ことし　　　しごと　み
だけ

④ 卒業　後　は、しばらく休んで将来のことを考えたいと思っています。
そつぎょう　ご　　　　　やす　しょうらい　　　かんが
後
あと

⑤ 先生：就職、おめでとう。
せんせい　しゅうしょく

学生：ありがとうございます。
がくせい

先生：今から　は社会人ですね。しっかりがんばってください。
いま　　　　しゃかいじん
これから

Please choose the appropriate word/phrase.

请选择恰当的词语。

적당한 문구를 선택하십시오.

Escolha a palavra apropriada.

聞き取り練習
き と れんしゅう

【1】 スキットを聞いて、(1) 誰と誰が、(2) 何について話しているか、
下から選んでください。
した　　えら

	(1) 誰と誰が	(2) 何について
①		
②		
③		
④		

(1)誰と誰が話していますか。　　　(2)何について話していますか。

ア. 友人同士
　　ゆうじんどうし

イ. 先生と学生
　　せんせい　がくせい

ウ. 会社の先輩と後輩
　　かいしゃ　せんぱい　こうはい

a. 中国語の勉強
　　ちゅうごくご　べんきょう

b. 試験
　　しけん

c. 英語の勉強
　　えいご　べんきょう

d. 営業のセミナー
　　えいぎょう

一度聞いてわからなかった人は、次の言葉を確認してから、
いちど き　　　　　　　　　　ひと　　つぎ　ことば　かくにん
もう一度聞きましょう。(☞ 別冊に単語の訳があります。)
　　いちど き　　　　　　　　　べっさつ　たんご　やく

① 合格する	患者	信頼する	スタートライン	
ごうかく	かんじゃ	しんらい		
現場に出る				
げんば　で				
② 転職	本気で	翻訳家	通信教育	実際は
てんしょく	ほんき	ほんやくか	つうしんきょういく	じっさい
夢がある	食べていける			
ゆめ	た			
③ できる〜	営業マン	成績を上げる	印象	取引先
	えいぎょう	せいせき　あ	いんしょう	とりひきさき
目標	(〜に)向いている			
もくひょう	む			
④ めずらしい	国連	自信	1ヶ国語	交換留学
	こくれん	じしん	いっかこくご	こうかんりゅうがく
応募する	本気	三日坊主		
おうぼ	ほんき	みっかぼうず		

Please listen to the skits and figure out (1) who are talking and (2) on what subject.

请听短剧，并从下列选项中选择：(1) 谁和谁的会话 (2) 有关哪一方面的会话

스키트를 듣고, (1) 누가 누구와, (2) 무엇에 대하여 이야기하고 있는지, 아래에서 선택하십시오.

Ouça a conversação e responda o quadro abaixo (1) Quem conversou com quem? e (2) qual é o assunto?

If you do not know the answers by listening to the skits once, please listen to them one more time after checking the following words/phrases. (☞You will find the translation of the vocabulary in the attached booklet.)

听了一遍没听明白的人，请确认以下词语后再听一遍。(☞附册里有单词的中文翻译)

한번 듣고 이해하지 못한 사람은, 다음의 단어들을 확인한 후에 다시 한번 들어봅시다. (☞별책에 단어들의 뜻이 나와있습니다.)

Se não entendeu ouvindo uma vez, verifique as seguintes palavras para ouvir novamente depois. (☞A tradução das palavras encontra-se na brochura separada)

【2】 話している人は、何になりたい / 何をしたいと思っていますか。
　　　夢の実現に向けて、行動を始めましたか、それともこれからしよう
　　　と考えていますか。

	何になりたい・何をしたい	もう始めた・これからする
①		もう始めた・これからする
②		もう始めた・これからする
③		もう始めた・これからする
④		もう始めた・これからする

【3】 もう一度 CD を聞いて、正しいものを選んでください。

① 本田さんは　a. 医者の試験に合格した。
　　　　　　　b. 働く病院が決まった。

　　将来、本田さんは医者が　c. たくさんいる　町で働きたいと思っている。
　　　　　　　　　　　　　　d. あまりいない

② 水野さんは、翻訳家になるために　a. 英語の学校　で勉強をしている。
　　　　　　　　　　　　　　　　　　b. 家

　　英語の勉強は　c. 朝　している。
　　　　　　　　　d. 夜

③ 朝倉さんは　a. 去年　営業のセミナーを受けた。
　　　　　　　b. 先月

　　朝倉さんは営業のセミナーを受けて　c. よかった　と思っている。
　　　　　　　　　　　　　　　　　　　d. よくなかった

④ 安藤君は　a. 来年　交換留学をしたいと思っている。
　　　　　　 b. 今年

　　今、安藤君の中国語の成績は、　c. とてもいい。
　　　　　　　　　　　　　　　　　d. あまりよくない。

What does the person in each skit want to become/to do? Has s/he either started preparing for that or been thinking that s/he will start soon?

说话人想当什么或是想做什么？为了实现自己的理想，他（她）已经开始行动了，还是正准备行动？

이야기하고 있는 사람은, 무엇이 되고 싶다고 / 무엇을 하고 싶다고 생각하고 있습니까? 꿈을 실현시키기 위해 행동에 옮기기 시작하였습니까? 아니면 이제부터 행동하려고 생각하고 있습니까?

A pessoa que esta falando "quer ser" ou "quer fazer" algo. Para concretizar esse sonho ele já começou a se preparar para isso ou ainda esta apenas pensando sobre o assunto?

Please listen to the CD again before you choose the correct word/phrase.

请再听一遍 CD, 并根据 CD 的内容进行选择.

다시 한번 CD 를 들은 후에 옳은 문구를 선택하십시오.

Ouça o CD novamente e escolha a alternativa correta.

【4】 CDを聞いて、＿＿＿に書いてください。

Please listen to the CD and complete the sentences below.

请听 CD, 并完成下列句子。

CD 를 듣고, ＿＿＿＿ 에 쓰십시오.

Escute o CD e complete as sentenças abaixo.

① でも、30＿＿＿＿＿＿＿＿＿＿＿、次の仕事＿＿＿＿＿＿＿＿＿＿＿、
結構難しいんじゃない？

② 水野さん、英語＿＿＿＿＿＿＿＿＿＿＿＿＿＿＿＿＿＿＿＿。

③ 難しい＿＿＿＿＿＿＿＿＿＿＿＿、将来、映画や小説の翻訳をして
＿＿＿＿＿＿＿＿＿＿＿＿＿＿。

④ 朝倉さん、ちょっと＿＿＿＿＿＿＿＿＿＿＿＿＿＿＿＿＿＿。

⑤ 何かもう1ヶ国語ぐらい＿＿＿＿＿＿＿＿＿＿＿＿＿＿＿＿＿＿？

 ## ポイントリスニング

話をしている人は、(a) 相手のことについて述べていますか、それとも
(b) 自分のことについて述べていますか。

①	②	③	④	⑤	⑥

Are these people talking either (a) about the other person or (b) about themselves?

说话人说的是 (a) 对方的事，还是 (b) 自己的事？

이야기하고 있는 사람은, (a) 상대방에 대하여 말하고 있습니까? 아니면 (b) 자신에 대하여 말하고 있습니까?

A pessoa que esta falando esta: (a)Falando sobre outra pessoa ou (b)Falando sobre si próprio?

重要表現
（じゅう　よう　ひょう　げん）

1 抱負を述べる
（ほう ふ）（の）

例

> 患者さんに信頼される医者になれるように、がんばります。
> （かんじゃ）（しんらい）（いしゃ）
>
> （スキット1　先生に）（せんせい）
>
> 将来、映画や小説の翻訳をしていけたらって思って。
> （しょうらい）（えいが）（しょうせつ）（ほんやく）（おも）
>
> （スキット2　友人に）（ゆうじん）
>
> 来年、交換留学に応募してみようって決めたんだ。
> （らいねん）（こうかんりゅうがく）（おうぼ）（き）
>
> （スキット4　友人に）（ゆうじん）

自分の店を持てるまでがんばろうって思ってるんだ。
（じぶん）（みせ）（も）（おも）

合格できるよう、毎日3時間は勉強しようと思って。
（ごうかく）（まいにち）（じかん）（べんきょう）（おも）

今年は、日記を書くって決めたんだ。
（ことし）（にっき）（か）（き）

前田課長みたいな上司になりたいなあ。
（まえだ かちょう）（じょうし）

この仕事を続けていけたらって思ってるんです。
（しごと）（つづ）（おも）

早く仕事が覚えられるようにがんばります。
（はや）（おぼ）

新宿に自分の店を持つっていう夢があるんです。
（しんじゅく）（ゆめ）

今年こそは大学に合格できればと思ってます。
（だいがく）

練習
（れん しゅう）　次のように言われました。どう応えますか。
（つぎ）（い）（こた）

`練習 C 2-42`

①
友人（ゆうじん）：最近、バイトがんばってるな。（さいきん）

あなた：夏休みにニュージーランドでホームステイがしたい（なつやす）

② 同僚（どうりょう）：スポーツジムに行ってるんだって？（い）

あなた：泳げるようになりたい（およ）

③ 上司（じょうし）：どうですか。新しい課は？（あたら）（か）

あなた：皆さんの役に立ちたい（みな）（やく）（た）

④ 面接官（めんせつかん）：当社でどんな仕事をしたいとお考えですか。（とうしゃ）（しごと）（かんが）

あなた：営業の仕事がしたい（えいぎょう）

Stating one's ambitions

谈抱负

포부를 말하다

Relatando sobre a ambição.

How would you reply to what the speakers have said?

下列各种场合你怎样回答？

다음과 같은 말을 들었을 때, 어떻게 대답하겠습니까?

Falaram dessa forma com você. Como responderá?

2 はげます / 応援する
おうえん

例

これからもがんばりなさい。　　　　　　　　（スキット1 学生に）
　　　　　　　　　　　　　　　　　　　　　　　　　　　　　がくせい

がんばったら、きっとなれるよ。　　　　　　（スキット2 友人に）
　　　　　　　　　　　　　　　　　　　　　　　　　　　　　ゆうじん

林さん、営業の仕事向いてると思うから、がんばって。
はやし　えいぎょう　しごとむ　　　　おも
　　　　　　　　　　　　　　　　　　（スキット3 会社の後輩に）
　　　　　　　　　　　　　　　　　　　　　　かいしゃ　こうはい

がんばって。

応援してるからね。
おうえん

私にできることがあったら、なんでも言ってね。
わたし　　　　　　　　　　　　　　　　　　　い

小倉さんなら、｜きっとできるよ。
おぐら

　　　　　　　　大丈夫だよ。
　　　　　　　　だいじょうぶ

あきらめなかったら、きっとなれるよ。

課長だったら、絶対大丈夫ですよ。
かちょう　　　　ぜったい

経験がおありだから、きっと大丈夫だと思いますよ。
けいけん　　　　　　　　　　　　　　　　おも

私にできることがあったら、おっしゃってください。

そんなに心配なさらなくても、うまくいくと思いますよ。
しんぱい

練習 　次のように言っている相手をはげましてください。　練習 C 2-43
れんしゅう　つぎ　　　　　　い　　　　あいて

①
友人　会社やめて、大学院に行くって決めたんだ。
ゆうじん　かいしゃ　　　だいがくいん　い　　き

あなた

② 友人　今年こそ、絶対に司法試験に合格するんだ。
ゆうじん　ことし　　ぜったい　しほうしけん　ごうかく

あなた

③ 近所の人　今度のマラソン大会は、最後まで走りたいなあって思ってるんです。
きんじょ　ひと　こんど　　　　　たいかい　さいご　　はし　　　　　　　おも

あなた

④ 先輩　将来自分のレストランを持つっていう夢があって。
せんぱい　しょうらいじぶん　　　　　　　　も　　　　ゆめ

あなた

【1】 適当な言葉を選んでください。

Please choose the appropriate word.

请选择恰当的词语.

적당한 문구를 선택하십시오.

Escolha a palavra apropriada.

① 試験に　受けて、　よかったですね。
　　　　　受かって、

② 日本語を　上達して　仕事に使いたいと思っています。
　　　　　　上達させて

③ カウンセラーの資格を　取る　ために、勉強しています。
　　　　　　　　　　　　　する

④ 早く夢が　できる　といいですね。
　　　　　　かなう

⑤ 新しいビジネスを　始める　にはもっと勉強しないと。
　　　　　　　　　　開く

【2】 上司に何と返事しますか。a〜dから適当な返事を選んでください。

What would you say to your boss? Please choose from a~d in the box.

你怎样回答上司？请从(a)~(d)中进行选择.

상사에게 뭐라고 답하였습니까? (a)~(d) 중, 적합한 답변을 선택하십시오.

Como responderia ao seu superior? Escolha a resposta apropriada entre as alternativas de (a)~(d).

　　あなた　ありがとうございます。
　　　　　　（①　　　　　）

　　でも、データの整理がまだ
　　終わっていないんです。
　　（②　　　　　）　あなた

　　プロジェクト、進んでいるようですね。

　　上司

　　（③　　　　　）
　　なんとか、締めきりには
　　間に合いそうです。
　　あなた

　　（④　　　　　）
　　締めきりに間に合うか
　　どうか。
　　あなた

a. それが、ちょっと問題が起こってしまいまして。

b. はい、おかげさまで。

c. チームのみんなのおかげです。

d. もっとがんばらないと。

 **ロールプレイ** ・・・・・・・・・・・・・・・・・・・・・・・・・・・・・・・・・

【1】 学校を卒業してからしようと思っていることを、友人に話してください。

Please tell a friend what you are planning to do after you graduate from school.

请跟朋友谈一谈你毕业后的打算。

학교를 졸업하고부터 하려고 계획하고 있는 것에 대해 친구에게 이야기하십시오 .

Converse com seu amigo sobre o que planeja fazer depois da formatura da escola.

【2】 今の仕事をやめて別のことを始めようと思っています。大学のときの先生に話してください。

Please tell your old university professor that you have been thinking about quitting the job and starting something else.

你想辞掉现在的工作干别的事，请跟你大学时代的老师谈一谈。

지금의 일자리를 그만두고 다른 일을 시작하려고 합니다 . 대학 시절의 선생님께 이야기하십시오 .

Você pediu demissão do emprego atual e pretende começar algo diferente. Fale sobre isso para o seu antigo professor da Unviersidade onde estudou.

あとがき

　本教材は、生き生きした会話の教材を作りたいという長年の筆者らの思いがもとになっています。2004年に『聞いて覚える話し方 日本語生中継 中〜上級編』を出版し、実際に授業で使ってくださった方々から下のレベルの教材も作成してほしいという声を多数いただき、「初中級編1」に引き続いて「初中級編2」を作ることになりました。初級の文型は学習したけれども、それを会話の中で自然に使いこなせない、縮約形など会話独特の自然な日本語に触れる教材が少ない、会話をするにも語彙が足りない、といった初中級レベルの学習者によくある課題に、本書が応えることができれば幸いです。

　初稿の執筆分担は以下のとおりです。執筆者全員が協議を重ね、最終稿を完成させました。また、本書完成までには、実際に授業で使用し推敲を幾度も重ねたことを申し添えておきます。

　　　ボイクマン総子　　第2課、第4課、第6課、第8課、第9課
　　　宮谷敦美　　　　　第1課、第7課、第10課
　　　小室リー郁子　　　第3課、第5課、全課の「ウォーミングアップ」「もういっぱい」
　　　　　　　　　　　　「ロールプレイ」

　　　単語訳は次の方々によるものです。
　　　英語訳　　　　　小室リー郁子、Peter Lee さん
　　　中国語訳　　　　黄麗華さん（一橋大学非常勤講師）
　　　韓国語訳　　　　Rosa Hwa-Jung Lee さん
　　　ポルトガル語訳　Flavio Takao Kozaki さん

　声優の方々は、新井隆さん、梅野友子さん、生島陽子さん、所広之さん、新谷恵さん、山平貴雄さん、外国人の声は Carsten Beuckmann さんです。そして、CD編集は、小﨑隆雄さんです。みなさまのおかげで、「生中継」らしい生き生きした会話のCDが完成しましたこと、感謝いたします。

　また、一人一人のお名前を挙げることはできませんが、授業で有益なフィードバックをくださった学生の方々にも、この場を借りて、お礼を申し上げます。

　最後になりましたが、くろしお版の福西敏宏さん、編集担当の市川麻里子さんには、大変お世話になりました。筆者らの要望を最大限取り入れてくださいましたこと、感謝申し上げます。

ボイクマン総子・宮谷敦美・小室リー郁子

◆ 著者紹介 ◆

ボイクマン　総子（ぼいくまん　ふさこ）
大阪外国語大学大学院言語社会研究科博士後期課程修了、博士（言語・文化学）
現在、東京大学 大学院総合文化研究科 准教授
著書に、『聞いて覚える話し方 日本語生中継 中〜上級編』、『聞いて覚える話し方 日本語生中継 中〜上級編 教師用マニュアル』、『聞いて覚える話し方 日本語生中継 初中級編 1』、『聞いて覚える話し方 日本語生中継 初中級編 1 教室活動のヒント & タスク』、『聞いて覚える話し方 日本語生中継 初中級編 2 教室活動のヒント & タスク』（くろしお出版・共著）、『ストーリーで覚える漢字300』、『ストーリーで覚える漢字301-500』（くろしお出版・共著）、『わたしのにほんご』（くろしお出版・共著）、『生きた素材で学ぶ・新・中級から上級への日本語』（The Japan Times・共著）がある。

宮谷　敦美（みやたに　あつみ）
大阪外国語大学大学院外国語学研究科日本語学専攻修了、修士（言語・文化学）
現在、愛知県立大学外国語学部 教授
著書に、『聞いて覚える話し方 日本語生中継 中〜上級編』、『聞いて覚える話し方 日本語生中継 中〜上級編 教師用マニュアル』、『聞いて覚える話し方 日本語生中継 初中級編 1』、『聞いて覚える話し方 日本語生中継 初中級編 1 教室活動のヒント & タスク』、『聞いて覚える話し方 日本語生中継 初中級編 2 教室活動のヒント & タスク』（くろしお出版・共著）、『生きた素材で学ぶ中級から上級への日本語』（The Japan Times・共著）がある。

小室リー　郁子（こむろリー　いくこ）
大阪大学大学院言語文化研究科 博士（日本語・日本文化）
現在、トロント大学（カナダ）東アジア研究学科 准教授(Teaching Stream)
著書に、『聞いて覚える話し方 日本語生中継 初中級編 1』、『聞いて覚える話し方 日本語生中継 初中級編 1 教室活動のヒント & タスク』、『聞いて覚える話し方 日本語生中継 初中級編 2 教室活動のヒント & タスク』（くろしお出版・共著）がある。

聞いて覚える話し方

日本語生中継・初中級編2　◆　著者　ボイクマン総子・宮谷敦美・小室リー郁子

Speaking Skills Learned through Listening
Japanese "Live" Pre-Intermediate & Intermediate Level Volume 2

2006 年 12 月 16 日 (第 1 刷発行)
2019 年　3 月　8 日 (第 9 刷発行)

発行　くろしお出版
　　　〒102-0084
　　　東京都千代田区二番町 4-3
　　　TEL　(03)-6261-2867
　　　FAX　(03)-6261-2879
　　　e-mail　kurosio@9640.jp
　　　web　　http://www.9640.jp

発行人　岡野秀夫

印刷　シナノ書籍印刷

翻訳者　黄麗華　（中国語）
　　　　Rosa Hwa-Jung Lee　（韓国語）
　　　　Flavio Takao Kozaki　（ポルトガル語）
　　　　Peter Lee　（英語）
　　　　小室リー郁子　（英語）

装丁イラスト　アサモ
組み・装丁　市川麻里子

© BEUCKMANN Fusako, MIYATANI Atsumi, KOMURO-LEE Ikuko 2006, Printed in Japan

ISBN978-4-87424-370-1 C2081

●乱丁・落丁はおとりかえいたします。無断複製を禁じます●

生き生きとした会話で学ぶ、大好評リスニング教材：日本語生中継シリーズ

聞いて覚える話し方 日本語生中継 初中級編 1

ボイクマン 総子・宮谷 敦美・小室リー郁子【共著】　　定価＝¥1,800 ＋税

■ B5判／96頁(別冊 60頁)／ CD 2枚付き／ ISBN 978-4-87424-339-8 C2081

初級の文法項目を一通りすませた学習者を対象として、日常よく接する場面における会話の聞き取り能力を高め、同時にそういった場面で話をする能力をつけることを目的としたリスニング教材。リアルで生き生きとした会話を再現収録した CD を素材に「聞く」と「話す」を高める。問題文、単語表に英・中・韓・ポ訳付き。
貸してもらう／予定を変更する／レストランで／旅行の感想／買い物／アルバイトを探す／ほめられて／交通手段／ゆずります／マンション

聞いて覚える話し方 日本語生中継 初中級編 1
教室活動のヒント & タスク　　ボイクマン 総子・宮谷 敦美・小室リー郁子【共著】

■ B5判／ 146頁／ ISBN 978-4-87424-359-6 C2081 定価＝¥1,200 ＋税

本冊を教室でより効果的に使用できるように作成された教師用指導書。本冊を用いた授業の進め方の丁寧な解説と様々なタスク例を提案。配って使える練習シート(総ルビ)付き。

聞いて覚える話し方 日本語生中継 初中級編 2

ボイクマン 総子・宮谷 敦美・小室リー郁子【共著】　　定価＝¥1,800 ＋税

■ B5判／96頁(別冊 60頁)／ CD 2枚付き／ ISBN 978-4-87424-370-1 C2081

初級の文法項目を一通りすませた学習者を対象として、日常よく接する場面における会話の聞き取り能力を高め、同時にそういった場面で話をする能力をつけることを目的としたリスニング教材。リアルで生き生きとした会話を再現収録した CD を素材に「聞く」と「話す」を高める。問題文、単語表に英・中・韓・ポ訳付き。
出会い／ホテルで／うわさ／機会のトラブル／失敗／電話をかける／健康のために／駅で／趣味／抱負

聞いて覚える話し方 日本語生中継 初中級編 2
教室活動のヒント & タスク　　ボイクマン 総子・宮谷 敦美・小室リー郁子【共著】

■ B5判／ 146頁／ ISBN 978-4-87424-392-3 C2081 定価＝¥1,200 ＋税

本冊を教室でより効果的に使用できるように作成された教師用指導書。本冊を用いた授業の進め方の丁寧な解説と様々なタスク例を提案。配って使える練習シート(総ルビ)付き。

聞いて覚える話し方 日本語生中継 中〜上級編

椙本総子・宮谷 敦美【共著】　　定価＝¥2,300 ＋税

■ B5判／96頁(別冊 52頁)／ CD 1枚付き／ ISBN 978-4-87424-330-8 C2081

中級以上の学習者を対象として、日常よく接する場面における会話の聞き取り能力を高め、場面に応じて適切に話をする能力をつけることを目的としたリスニング教材。話し手の意図や感情も正しく理解できるような練習も盛り込んだ活気的な教材。リアルで生き生きとした会話を再現収録した CD を素材に「聞く」と「話す」を高める。単語表に英・中・韓・ポ訳付き。

聞いて覚える話し方 日本語生中継 初中級編 2
教師用マニュアル　　椙本総子・宮谷 敦美【共著】

■ B5判／ 146頁／ ISBN 978-4-87424-299-5 C2081 定価＝¥800 ＋税

各課の指導のポイント、課で学習する内容、聞き取り練習の前に、聞き取り練習のポイント、ロールプレイをどうすべきなど、本書の利用を詳しく解説した教師用指導書。

シャドーイング日本語を話そう 初〜中級編

斎藤仁志・吉本恵子・深澤道子・小野田知子・酒井理恵子【共著】¥1,400 +税

■英語・韓国語・中国語訳 A5 ／137 頁／CD1 ／ ISBN 978-4-87424-354-1
■インドネシア語・タイ語・ベトナム語訳
　　　　　　　　　　　　　A5 ／137 頁／CD1 ／ ISBN 978-4-87424-606-1

初の日本語シャドーイング（音声を聞きながら声に出して練習する言語習得法）練習教材（初〜中級レベル）。自然な日常会話を素材とし、初級学習者から楽しんで使える。教室の運用能力アップに。6カ国語の完全翻訳付きで、自習用にも最適。

シャドーイング日本語を話そう 中〜上級編

斎藤仁志・深澤道子・酒井理恵子・中村雅子・吉本恵子【共著】¥1,800 +税

■英語・韓国語・中国語訳 A5 ／168 頁／CD1 ／ ISBN 978-4-87424-495-1
■インドネシア語・タイ語・ベトナム語訳
　　　　　　　　　　　　　A5 ／168 頁／CD1 ／ ISBN 978-4-87424-625-2

対人関係によって分類された自然で生き生きとした会話で、日常生活の必要な場面においてすぐに使える表現を身につけられる。友人関係、近所付き合い、ビジネスシーン、冠婚葬祭、プレゼンテーションのリアルな会話を聞いて話すことで、場面に合わせた表現力を豊かに。翻訳も充実。

ストーリーで覚える漢字 300
英語・韓国語・ポルトガル語・スペイン語訳版
英語・インドネシア語・タイ語・ベトナム語訳版

ボイクマン総子・渡辺陽子・倉持和菜【共著】　　　　定価＝¥1,800 +税

■ B5 判／ 344 頁／ ISBN 978-4-87424-402-9 C0081
■ B5 判／ 344 頁／ ISBN 978-4-87424-428-9 C0081

初級漢字 300 全ての字形と意味を、オリジナルストーリー（イラスト付き）で覚えた後に、読み・書き練習を導入することで、漢字学習を楽しく短期間にできると提案した画期的な初級漢字学習教材。自習にも最適です。

ストーリーで覚える漢字 II 301-500
英語・韓国語・ポルトガル語・スペイン語訳版
英語・インドネシア語・タイ語・ベトナム語訳版

ボイクマン総子・渡辺陽子【共著】　　　　定価＝¥1,800 +税

■ B5 判／ 248 頁／ ISBN 978-4-87424-481-4 C0081
■ B5 判／ 248 頁／ ISBN 978-4-87424-561-3 C0081

『ストーリーで覚える漢字 300』の続編。初中級漢字 200 字（301 〜 500）全ての字形と意味を、オリジナルストーリー（イラスト付き）で覚えた後に、読み・書き練習を導入することで、漢字学習を楽しく短期間にできると提案。終了後には 500 字の初〜初中級漢字が身につきます。

読む力 中上級 中級

奥田純子【監修】・竹田悦子・久次優子・丸山友子
八塚祥江・尾上正紀・矢田まり子【共著】

■ A5 判／ 176 頁 +36 頁／ ISBN 978-4-87424-584-2　定価＝¥1,900 +税
■ A5 判／ 116 頁 +24 頁／ ISBN 978-4-87424-518-7　定価＝¥1,600 +税

アカデミックな「読み」を鍛える読解教材『読む力』シリーズ。著著名人のエッセイ、教養書、入門書、新書など読み応えある良質な文章を厳選。言語・認知処理力をしっかり身につけて、読む力のレベルアップを目指す。さらに、クリティカル・リーディングで批判的思考力、複眼的視点を養い読みの上級者へ。日本語能力試験、日本留学試験に向けて、本格的に読解の勉強をしたい人に最適。

くろしお出版　http://www.9640.jp
03-5684-3389 / 03-5684-4762